カリスマエージェント直伝

履歴書・職務経歴書の書き方

細井智彦

はじめに

■ 採用側にはどうでもいいことで悩んでいる

今や三人に一人が、新卒で入社した会社を三年以内に辞める時代です。若手からベテランまで日常的に、日本中のいたるところで転職が行われるようになりました。こうしている今も何万通もの応募書類が日本中を飛び交っているのです。あなたもその一人として転職を思い立ち、応募書類についていろいろ知りたいと思っておられる方だと思います。

応募書類についての相談の際に、よくいただく質問を挙げてみましょう。

・履歴書にはB5とA4、どちらがいいでしょうか？
・履歴書や職務経歴書の署名は手書きでなければだめですか？
・自分の性格を書くときは、やっぱりポジティブにするべきですか？
・書類は台紙を使い、折らずに速達で送ると熱意を感じるというのは本当ですか？
・英検2級やTOEIC350点は書いたほうがいいですか？
・青いボールペンはだめですか？

いかがですか、こうして並べてみると、別にどうでもよいことだと思いませんか。しかし、真剣になればなるほど、こういうちょっとしたことが気になりだすものなのです。本書にもその答えは用意してあります。ただ、私がお伝えしたいことは不安材料への答えだけではありません。そんなことよりも、もっと大事なことがあることを知っていただきたいのです。

■ だれにでもオリジナルの「売り」がある

ここで質問です。応募書類は何のために書くと思いますか？

答えはカンタン。「面接を実現させるため」です。

実にシンプルで明瞭な目的です。それなのに、多くの人がそんなカンタンなことを理解しないまま応募書類を作成されているのです。応募書類を単なる〝手続き書類〟としかとらえていない、つまり勘違いされている人が多いのです。また「誰に伝えるか」も、不特定でいまいだったりします。万人に向けた写真写りや体裁など、見栄えの印象をよくすることはかりを気にするのはその表れともいえます。実際に、今まで出ているハウツー本ですら私の知る限り、この一番肝心な「誰に伝えるか」が意識されておらず、ただ万人受けをねらった無難な浅いがそのニーズを満たしているか」そして「彼らの求めるものは何か。自分の書類ポイントしか紹介していません。

もちろん印象を考えることもとても重要ですが、それは相手に会いたいと思えるための一つの材料にしかすぎません。一番大事なことは万人ではなく、自分が会ってほしい相手に「会う」「会わない」という二つの選択肢から「会う」ほうを選んでもらうことなのです。

それを実現させる方法は、実はとてもシンプルで、通るかどうかではなく、通ったときのことを想像して、その通過理由を考えてみるのです。そのとき、どんな理由で面接に呼んでくれるのか、通過理由をあらかじめ言葉にしてイメージしておくのです。後はそれを書類に表現する、これだけです。

そのために何よりも大事なことは相手（求人側）の立場に立って何が求められているのか、

そして仕事と自分との接点を考えることです。

すでに自分の応募書類を書き終えていたら、自分に尋ねてみてください。それを読む人を想像しながら会ってほしいという思いを込めて書きましたか？ そもそも誰があなたの書類を選考しているのかご存じですか？ どんな理由で書類選考を通過したかまでを想像しながら書きましたか？

■「もったいない」が多すぎる

書類にしても面接にしても、きちんと整理して準備すれば選考は通過するのに、それがうまく伝えられないために通らない、というもったいない事態を引き起こしてしまうのが転職の世界です。私はその「もったいないを撲滅したい」と思い、日々取り組んでいる人間です。

この本は、多くの人が応募書類に対して間違った認識を持っているがために、面接のチャンスを逃してしまっている現状を何とかしたいと思って書きました。

本書にはちょっと気をつけるだけで好印象にするコツも、もちろん盛り込みました。ただそれらは丁寧に書けばすんでしまうカンタンなことで、そんなことにうじうじ悩んで無駄な時間を取られないためのものです。ここではもっと大事な「会いたい人に選ばれるコツ」に早くたどり着いてもらえることをめざしています。ぜひ本質をつかみとっていただき、一人でも多くの人が、たくさんの「もったいない」をなくせることを切に願っております。

もくじ

はじめに ……… 3

PART 1 応募書類を作成する前に知っておきたいこと

大転職時代、こんな書類では通りません！ ……… 10
今や採用に直結するのは職務経歴書 ……… 12
書類は「人事だけが読む」は大間違い ……… 14
勝負はたった2分。キーワードこそ重要 ……… 16
採用現場の現実を知っておく ……… 18
まずは採用側が気にする点を押さえる！ ……… 20
書類は自分の分身！ ……… 22
COLUMN まさか!? 書類選考を抽選で…… ……… 24

PART 2 履歴書作成のコツ

こんなに違う！ 差が出る履歴書の書き方 ……… 26
実はカンタン。通る履歴書作成 ……… 28
履歴書で知りたいのは「学歴」と「職歴」の欄 ……… 30
履歴書はJIS規格を使う ……… 32
印象を左右する重要なポイント一覧 ……… 34
COLUMN 会ってみてびっくりな"経歴書美人" ……… 36

PART 3 履歴書の書き方

「基本データ」のミスは命取り ……… 38
採用側は「写真」でイメージをふくらます ……… 40
「学歴・職歴」欄は年・月のミスに要注意 ……… 42
「学歴」はケースに応じて書き分ける ……… 44
採用側が重視する「職歴」 ……… 46
「免許・資格」は取捨選択を！ ……… 50
「趣味・特技」には一言加えて！ ……… 52
「志望動機・退職理由」の"魅せ方" ……… 54
「本人希望記入欄」を有効活用 ……… 58
COLUMN 趣味は「兄とキャッチボール」…… ……… 62

PART 4 職務経歴書作成のコツ

職務経歴書こそが採用を左右する時代 …… 64
通る職務経歴書作成の3ステップ …… 66
職務経歴書に欠かせない4大要素 …… 68
すべての仕事は5W1Hに分解できる …… 70
応募企業との接点を見つけ出そう …… 72
持ち運びできるスキルをアピール …… 74
自分の成長を盛り込む …… 76
批判や言い訳、評論は絶対に避ける …… 78
面接は職務経歴書をもとに行われる …… 80
こんな職務経歴書は敬遠される …… 82
秒殺される職務経歴書の例 …… 84
職務経歴書の「最低限のルール」とは …… 88
COLUMN 不採用理由を覚えていない担当者 …… 90

PART 5 職務経歴書の書き方

もっともオーソドックスな編年体式 …… 92
スペシャリストや経験豊富な人はキャリア式 …… 94
自己PRで勝負するチャレンジ式 …… 96
「職務要約」は自分のキャッチフレーズ …… 98
「職務経歴」で採用側に興味を持たせる …… 100
応募先と自分の「接点」をアピール …… 102
最後に「自己PR」で決める …… 104
「学んだ」「知っている」は「やってきた」「できる」に …… 108
「思い」「行動」を見える表現へ変換 …… 110
「未来」を感じ取れるストーリーにする …… 112
「主観」と「客観」がアピール度を強める！ …… 114
COLUMN 手でなく"顔"を見て!? …… 116

PART 6 職務経歴書の成功実例

「第二新卒」の場合 NG例 … 118
「第二新卒」の場合 OK例 … 120
「派遣社員から正社員」の場合 NG例 … 122
「派遣社員から正社員」の場合 OK例 … 124
「ブランクからチャレンジ」の場合 NG例 … 126
「ブランクからチャレンジ」の場合 OK例 … 128
「異業種への転職」の場合 NG例 … 130
「異業種への転職」の場合 OK例 … 132
「転職歴が多い人」の場合 NG例 … 134
「転職歴が多い人」の場合 OK例 … 136
「営業職」の通る書き方 … 138
「技術職」「クリエイティブ職」の通る書き方 … 140
「事務職」「販売職」の通る書き方 … 144
「リストラで転職」の通る書き方 … 148
「アルバイト・パート」の通る書き方 … 150
COLUMN 採用担当者の"裏"をかく … 154

PART 7 添え状の書き方と書類の提出のしかた

「添え状」はただの「送り状」ではない … 156
ケース別「添え状」の基本例 … 158
応募書類は持参? 郵送? … 166
送付の際に注意すること … 168
時間をおいて読み返してみる … 170
COLUMN ズバリ回答! 応募書類Q&A … 172

おわりに … 174

PART 1
応募書類を作成する前に知っておきたいこと

企業への提出書類を、単なる「手続き書類」ととらえていては通らない！ 本当は「誰が選考しているのか」「採用側はどんな視点で読むのか」など、まずは採用現場の実態を知っておこう！

書類では通りません！

■ NGな履歴書

✏ 空白が目立ち誠意やアピールする気持ちが感じられない

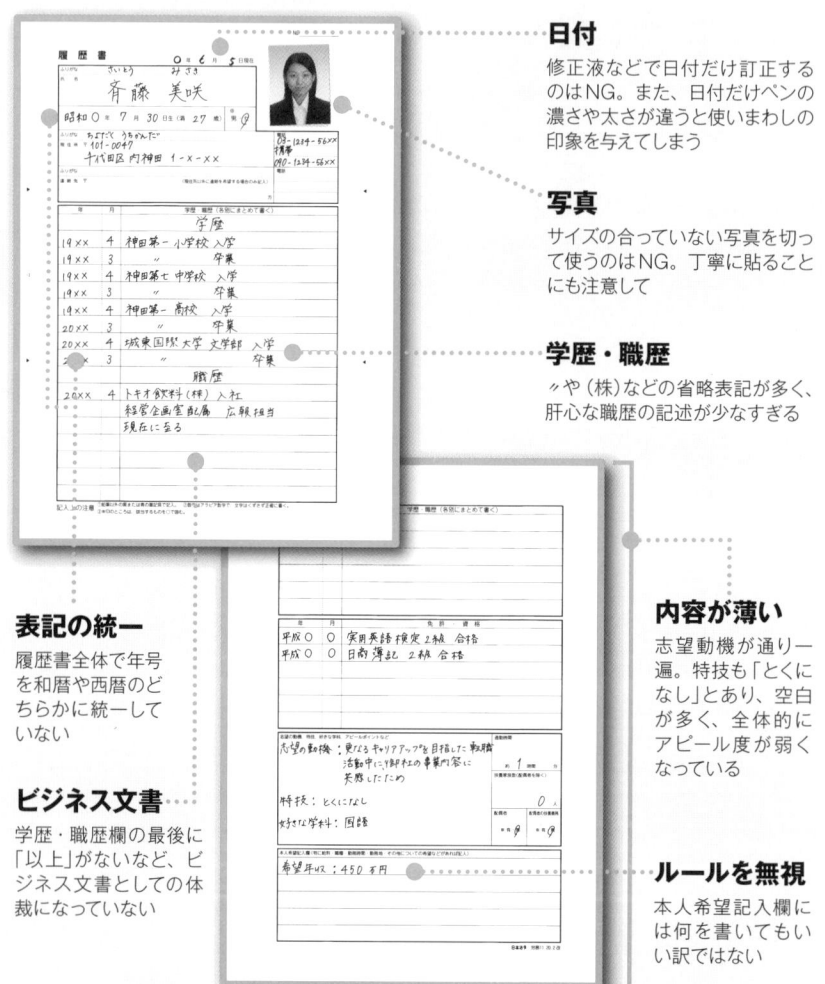

日付
修正液などで日付だけ訂正するのはNG。また、日付だけペンの濃さや太さが違うと使いまわしの印象を与えてしまう

写真
サイズの合っていない写真を切って使うのはNG。丁寧に貼ることにも注意して

学歴・職歴
〃や（株）などの省略表記が多く、肝心な職歴の記述が少なすぎる

内容が薄い
志望動機が通り一遍。特技も「とくになし」とあり、空白が多く、全体的にアピール度が弱くなっている

ルールを無視
本人希望記入欄には何を書いてもいい訳ではない

表記の統一
履歴書全体で年号を和暦や西暦のどちらかに統一していない

ビジネス文書
学歴・職歴欄の最後に「以上」がないなど、ビジネス文書としての体裁になっていない

PART 1 応募書類を作成する前に知っておきたいこと

大転職時代、こんな

■ NGな職務経歴書
✎ 履歴書とさほど変わらない情報では無意味

見出しがない
書いている内容に見出しがなく、どこに何が書かれているか一目でわかりにくい

履歴書と同じ
何のアピールもなく、書かれている内容が履歴書をまとめ直しただけになっている

「接点」がなくイメージがわかない
職歴を簡単に書いただけでは、これまでの実際の働きが採用担当者に見えてこない

あいまいでありきたりな表現
自分を売り込む部分なのにマニュアル言葉が目立ち、具体性に欠ける。オリジナリティにも欠け、この人でなくてはならない理由がなく、採用するメリットを感じさせない

職務経歴書

20xx年6月5日
斉藤 美咲

20xx年4月：トキオ飲料株式会社　入社

20xx年4月～5月
新入社員研修。ビジネスマナー、ロールプレイング等。

20xx年5月～現在
経営企画室

広報業務全般。プレスリリース作成および配信サポート。取材対応。マスコミ電話対応。事業報告書の作成。説明会資料の作成。

資格：日商簿記2級
PCスキル：Word、Excel、PowerPoint、Access、Outlook

【自己PR】
まじめで誠実な広報活動を行ってまいりました。持ち前のバイタリティと行動力、さまざまな広報業務で養ったコミュニケーションスキルには非常に自信があり、どんな仕事にも即戦力として活躍できると思います。

▶最近の転職の応募では、職務経歴書を重視する傾向が強い。この例のように見た目にも中身もスカスカした書類では、採用担当者の印象は当然、薄くなる。また、応募書類を「あなたを売り込む書類」と考えれば、あまりに内容のない文章から「プレゼンテーションスキルの欠落」ととらえられかねない。

今や採用に直結するのは職務経歴書

「履歴書」と「職務経歴書」。2つの書類が持つ、それぞれの意味

■ 履歴書は「基本情報」

ひとむかし前までは、中途採用でも履歴書だけで選考される場合がほとんどでした。しかし現在は、**履歴書と職務経歴書はセットで提出するもの**となっています。新卒採用の就職とは異なり、転職では職務経歴書も必須と考えてください。「履歴書のみでOK」の場合も、職務経歴書を添えたほうが有利です。

この2つの書類の役割は、まず履歴書では**基本情報**を伝えます。氏名、住所、学歴、職歴など、基本となるデータを記載します。あなたのこれまでの学歴や職歴を、わかりやすく書くことを心がけましょう。

気負う必要はなく、後述するように、いくつかのポイントをふまえさえすれば大丈夫です。

■ 職務経歴書には〝加工〟が必要

職務経歴書は、履歴書に職歴として書いた事柄が相手に伝わるよう、さらに詳しく〝加工〟した書類です。これまであなたが、どのような「業界」で、どこの「会社」に勤め、何の「職種」で、どんな「業務」を行ってきたのかを、採用担当者にアピールできるようアレンジして作ります。そのため、履歴書では内容にさほど違いや差は出ませんが、**職務経歴書は書き方によって大きく差がついてしまう**のです。

職務経歴書は面接まで進むための重要なツールです。仕事の経歴を単に並べただけの書類ではなく、あなたの経験と能力を採用側にアピールするための戦略的ツールと考えてください。

履歴書と職務経歴書の役割の違い

■ 履歴書で採用側が重視するポイント

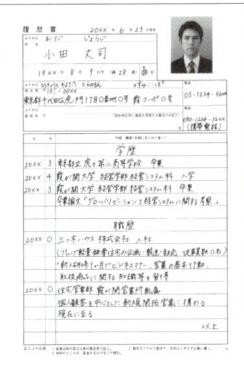

基本となるあなたの情報

- 氏名、住所など基本情報やどのような経歴の持ち主かを見るための書類
- 加工のない情報を相手にわかりやすく書き、アピールは職務経歴書にまかせる

▶履歴書は**基本情報**を確認するための書類と考えるとよい。難しく考えることなく、自分の情報がわかりやすく書けていればそれで十分。経歴のブランクなど、相手に伝えておきたいことがある場合は、履歴書ではなく、職務経歴書に記述するようにしたほうがよい。

■ 職務経歴書で採用側が重視するポイント

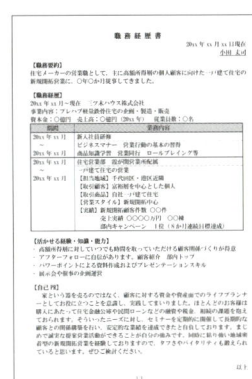

職場でのあなたの姿

- 履歴書だけでは伝えられない経歴を、詳しく相手がイメージしやいすように書く
- 相手のほしいものにマッチするよう自分のスキルや経験をアピールする

▶転職では職務経歴書のウエイトが大きく、実際のアピールはこちらで行う。履歴書で書いた経歴を、実際の売上などの数字を示して、詳しく知ってもらう。また、相手が求めていることと自分のスキルや経験がどの点でマッチするか、ということに気をつけながら書いていくことが必要。

POINT 履歴書だけでは転職でもっとも重要な「職歴」が伝わらない

履歴書と職務経歴書をセットで考えるということは、当たり前のようで意外と見落としがちなこと。履歴書で伝えきれなかったことを「詳しくは職務経歴書をご参照ください」などとして、2つの書類をリンクさせる示し方も有効な手段だ。

書類は「人事だけが読む」は大間違い

書類選考って、本当は誰がしているかご存じですか?

■ 選考するのは人事部?

案外、見落とされがちですが、提出した履歴書、職務経歴書は、誰が見てくれるのでしょう。応募書類を作成した人に伺うと、ほとんどの人が「人事」「採用部門の人」と答えます。

しかし、実際には「人事の部門」だけで選考されることはほとんどありません。

たしかに多くの場合、応募を受け付けるのは人事部門ですが、そこから「募集している部門の責任者」に回されます。その責任者とは、ズバリ**あなたの上司になる人**なのです。

採用は、会社が漠然と行っているものではありません。その中のある部門の責任者が「こういう能力や資質のある人材がほしい」と明確なビジョンを持って選考しているのです。

■ 選ぶのは「あなたの上司になる人」

採用する側、それも現場の責任者は、かなり具体的なイメージを持っています。

書類選考でも学歴や、ましてや資格・趣味より「どんな状況で、どんな仕事をこなしてきたのか」「どんなスキルを持っているのか」など、現実の仕事の場で発揮できる力量や能力を推し量っているのです。つまり、実際に**自分の下でやってもらう仕事**をイメージしながら、**自分の求めているものとマッチングさせて選考**しているのです。

選ばれる側にとっても相手を知ることは大切です。応募書類、とりわけ職務経歴書では、相手となる**現場の責任者を意識する**ことが作成するうえでの重要なポイントになってきます。

書類を実際に見るのは誰？

■ 新卒と転職で書類選考の担当は異なる

✎ 新卒＝人事部　転職＝将来の上司

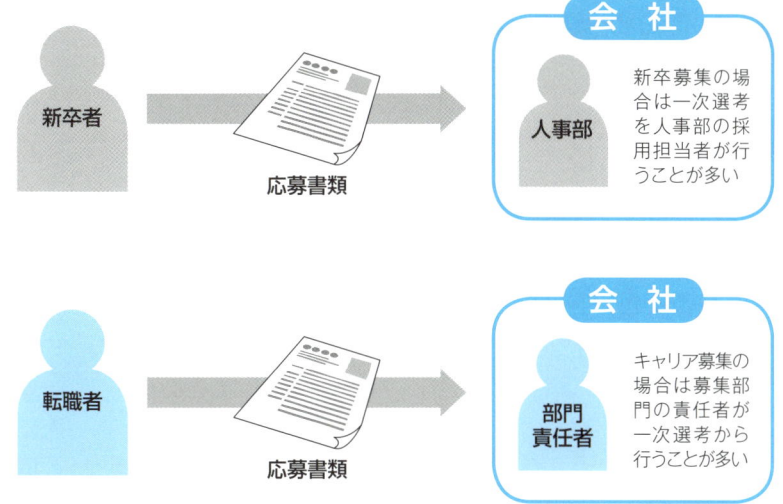

▶応募書類を作成する際に重要なのが、その応募書類を誰が見ているかということ。新卒募集の場合は募集人数が多いこともあり、たいてい人事部門の担当者が見るが、転職では募集している部門の責任者が直接見るので、具体的なスキルや経験が求められると考えておいたほうがよい。

✎ 転職者の書類にはどんな要素が必要か

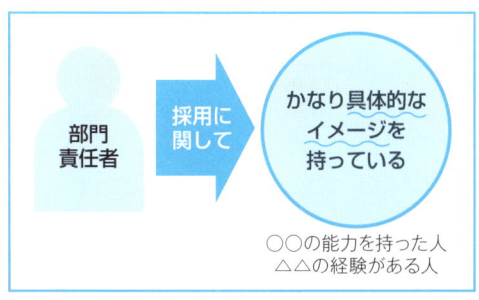

▶部門責任者は、ほしい人材の具体的なイメージを持っているので、十分な企業研究が必要。また書類を見る際には、ほしいスキルや経験を持っているかということに着目するので、自分がその会社に入り、経験やスキルをどの場面で活かせるかなどをイメージしながら、書類を作成する必要がある。

勝負はたった2分。キーワードこそ重要

相手をひきつける職務経歴書にするには

■ 自分の職歴を分解してみる

採用担当者が応募書類を見る時間は、おおむね**1分半～2分半**です。その間に採用担当者の気持ちをキャッチしなければなりません。

そのためには自分がどんな経験をしてきたかをわかりやすく書く必要があります。

もちろんそれには書類の書き方や見せ方などテクニック的な部分もありますが、大事なのはその内容、つまり自分が「どういう経験をしてきたのか」をはっきりとつかみ、**相手がキャッチしやすいキーワードを見つけておく**ことです。

自分の職歴を分析してみると、実はそこに**「知識・経験」→「行動」→「結果」**といったサイクルが見えてきます。そのサイクルに自分の職歴を当てはめることで、今あなたが応募しようとしている仕事との共通点が浮かび上がってくるはずです。

■ キーワードは"マッチするもの"を中心に

キーワードを見つける際に意識したいのが、**希望職種とのマッチング**です。採用側は「こんな種類の仕事をしてほしい」という具体的なイメージを持っています。なので、自分の保有しているものの中から「一体何が必要とされるのか」「どんな力がその職場で発揮できるのか」を考える必要があるのです。

左のサイクルで経歴を分析する際、一方的に自分の保有する能力や知識をキーワードとして掘り起こすのではなく、相手の求めるものとのマッチングを意識してみてください。

自分の働きを分析する方法とは

■ 自分の分析に必要な視点

✎ サイクルで見るあなたの職歴

結果
○○ができるようになりました。
○○の成果が出ました。

知識・経験
私は○○の知識や経験を持っています。

行動
○○の知識や経験をもとに○○をやってきました。

自己PR例文

大手企業の大規模販促やキャンペーンサイトの画面構成から、デザイン、HTMLの作成まで**①クリエイティブにかかわる一連の流れを経験**しました。デザイン面のみの理想の追求ではなく、スケジュールやコスト制約の中で**②高いクオリティとユーザビリティを求めながら仕事をしていく**うちに、**③ビジネス感覚を鍛えることができました。**　①＝知識・経験　②＝行動　③＝結果

▶自分の職歴を整理することで、自分にどのような経験や知識があり、どんな行動をとり、どういう結果が得られてきたかがはっきりと見えるようになる。また整理することで相手に伝わりやすくもなってくる。

採用現場の現実を知っておく

採用担当者はどこをどんな気持ちで見るのか

■ ワンオブゼムな書類にしない

1分半～2分半の書類選考で採用担当者の目に留まらせるために、「キーワード」を見つけて伝える重要性を紹介しましたが、そのほかにも注意する点がいくつかあります。

まずは、**ワンオブゼムの書類にしない**ことです。決まりきったフレーズの志望動機や募集要項をそのまま貼りつけて自己PRにする書類は、実際多く見受けられます。これは採用側からすれば見慣れた内容で、アピール度は薄いと思ってください。

また、目立てばいいからと、書類に色ペンを使うのもよくありません。**必要とされるのはビジネス感覚**なので、ビジネス文書の規範から外れるような書き方は避けるべきです。

■ 相手が求めるものに翻訳

中には自分の思いを伝えたいがために、履歴書にびっちりと書き込んだり、職務経歴書が7～8枚にも及んだりする人がいます。繰り返しになりますが、書類選考にかける時間は1分半～2分半なのです。その間、相手は応募書類を小説のように熟読し、そこからあなたのよさを見出そうとはしてくれません。

実際は多くの書類の中から、ネットで検索するかのように、**自分のアンテナに引っかかるものをピックアップしていく**のです。そのため、まずはキーワードを見つけ、相手の求めるものは何かを考え、そこからさらに相手にマッチする表現へと翻訳することが必要になってきます。

埋もれてしまう書類にしない

■ 担当者もがっかりなワンオブゼムな書類

✏ 決まりきったフレーズに終始する

> **NG自己PR／例文**
> 前職の営業では、フットワークよく精力的に活動しておりました。分野は異なりますが、営業で鍛えたお客様とのコミュニケーション力には自信があり、それは御社でも十分に活かせると思います。どうぞよろしくお願いいたします。

▶コミュニケーション力は営業の応募で特に多い表現。また、「フットワーク＝営業」は安易な考えを表したもので、特に営業経験のない応募者が、つい書いてしまいがちな表現である。

✏ 募集要項を貼りつける

> **NG自己PR／例文**
> 前職の営業経験では、信頼関係と自己管理の大切さを学びました。また、お客様が今何を必要としているのかを常に考え、細かい気遣いを忘れずに、日々営業活動に励んでまいりました。

▶募集要項に求められる人材として、「自己管理能力」「お客様への気遣いのできる人」とあり、それをそのまま自己PRとして書いた例。具体的な動きや取り組み内容の記述がなく、アピールにはならない。

■ 相手のほしい言葉に翻訳した書類

✏ 大事なことはマッチング

転職者
①自分の職歴を細かく分析する
②売りとなるキーワードを探す
③相手の求めている表現に翻訳する

応募書類

採用担当者
● 仕事の合間を縫って書類に目を通す。時間にして1分半〜2分半
● ネットで検索するかのようにほしいキーワードを探す

▶思いの丈を長々と書き連ねても、採用担当者が必ずそれを文面からくみ取ってくれるかといえば、決してそうではない。採用担当者の求めるものが何であるかを把握したうえで、自分の経験とマッチさせるように書くのがベスト。

まずは採用側が気にする点を押さえる！

書類にも第一印象がある

■ ポイントを押さえて簡潔に

応募書類は、一つの**ビジネス文書**と心得てください。ビジネスシーンでの企画書、提案書などと同じです。内容がダラダラと並べられているだけではダメです。

応募書類は、採用担当者がビジネスとして読む文書なのです。重要なポイントをきちんと押さえたうえで、**簡潔にわかりやすく**、いいたいことを伝えられるかどうか、それが重要です。

特によい職務経歴書は、上手なビジネス文書と同様、「仕事ができる」との好印象を相手に与えるものです。

また、自分で自分のことを申し述べる陳述書ではなく、あなたという素材を**採用担当者にアピールするビジネス文書**と考えましょう。

■ 読む気にさせる書類とは

そのためには「**見出しをつける**」「**項目立てにする**」ことが大切です。あなたの職歴を、どう整理して項目を立てるかを考えましょう。

文章は簡潔に、基本的には箇条書きで、コンパクトにまとめることを心がけます。無用に長い文章は、まとめきれていない印象を与えてしまいます。**レイアウトも重要です。**パッと見たときに、読んでみようという気にさせる、見やすい文書に仕上げます。

履歴書はフォーマットが決まっているので、項目立てやレイアウトに気遣う必要はありません。ただ、学歴・職歴欄の最後に「以上」と書く、修正液で修正しないなどの基本的なルールは必ず守りましょう。

これだけは最低限押さえる

■ 書類作成にあたって基本となるポイント

🏷 ビジネス文書ということを意識する

言葉遣いに気をつける
ビジネスマナーの基本を疑われるので、敬語の使い方は特に注意

簡潔な文章
なるべく箇条書きにし、読みやすい文章を心がける

「以上」を忘れない
履歴書の学歴・職歴欄、職務経歴書の最後には必ず「以上」と入れる

レイアウトに気を遣う
職務経歴書はレイアウトに気をつける。基本は「すっきりとバランスよく」

項目と見出しを立てる
職務経歴書ではどこに何が書かれているか一目でわかるよう書き方を工夫する

矛盾点をなくす
職歴や志望動機が履歴書と職務経歴書で異なっていないか読み直す

🏷 外見に気をつける

用紙の汚れに気をつける
書類が汚れたり、にじんだり、かすれたりしていないかに気を配る

日付や年号を間違えない
書類の日付、学歴や職歴の年号のミスは致命的。日付は提出日の年月日で

マーカーは使わない
強調させたくても色ペンの使用はNG。括弧などを使う

ペンは黒か濃紺で
必ず黒ペン（万年筆なら黒か濃紺）で書く

採用側より　文章が長い人は面接でも失敗しがち

職務経歴書が4〜5枚にわたっていて文章が長い人は、面接も下手なことが多いといえます。文章が長くなるのは相手に伝えたいことが整理されていないためで、面接での受け答えでも話が長くなり、要領を得ない回答になりがちです。職務経歴書を簡潔にまとめることにより、おのずと伝えたいことに整理がついてくるはず。それが面接の場でも役に立つと考えましょう。

書類は自分の分身！

「誠実さ」「まじめさ」は書類に出る

■ 見た目は中身を表す

人間の中身は外見に出るといいます。書類も同様で、**一目見ただけで、ある程度その人の人となりがわかってしまうところがあります**。いい加減な気持ちで書くと、書類に現れてしまうのです。

妙な精神論ではないのですが、やはり時間や手間をかけた書類は、相手に伝わるものです。急いで作成すると、行の頭がそろっていない、誤字脱字があるなど、ところどころにボロが出てしまうものです。そうした細かい部分の積み重ねで、読み手は全体をパッと見たときに「丁寧だな」、逆に「雑な感じだな」という印象を抱きます。**よい書類に仕上げる努力は必ず報われると思ってください。**

■ 採用者側の目と履歴書・職務経歴書

応募書類は、ビジネス文書という側面とともに、**手紙の要素も兼ね備えていることも忘れてはいけません。**ある意味では「あなたの会社で仕事がしたい」という、お願いの手紙でもあるわけです。手紙であれば、そこには「思い」が込められるということです。

たとえば、同じ内容の手紙でも、鉛筆で殴り書きしたものと、万年筆で丁寧に書かれたものとでは、受け取る側の印象が大きく違います。特に履歴書は手書きが基本ですから、**時間をかける**ことをお勧めします。

転職が一般化した今日、採用担当者の書類を見る目は肥えています。思いを込めているかいないかはすぐ見抜かれると心得ましょう。

22

応募書類を書く際の5つの心得

■ 応募書類に出る「人となり」

✎ 思いを込める

▶応募書類は単なる手続き書類ではなく、お願いの手紙と思って書く必要がある。御社に入りたいという思いの丈を書くことで、文面からは「書かされている」感じがなくなり、まじめさや誠実さが出てくる。

✎ 必ず時間をかけて書く

▶応募ギリギリであわてて書くのはもちろんNG。「今日は応募書類を書く」と決め、かける時間も1時間、2時間と区切ることで気持ちを切り替え、誠実に応募書類と向き合う。

✎ 字の汚さは丁寧さでカバー

▶時間をかけて書くと、字のまずさをカバーできるという利点もある。一字一句ゆっくりと、思いを込めて書けば、下手なりにも丁寧な字になるはず。

■ 採用側が書類から感じ取ること

✎ 汚い字や誤字・脱字

▶採用担当者は応募書類からいろいろなことを想像し、読み取ろうとする。特に汚い字や誤字・脱字が多い書類は、仕事場でも「細かいところが雑そう」「おっちょこちょいなのか」などと想像を膨らませ、マイナスな印象を与えてしまうおそれがある。

✎ 体裁が整っていない書類

▶特に職務経歴書にいえることだが、ビジネス文書の体裁が整っていない書類を見ると、採用担当者は「ビジネススキルがないな」と感じてしまう。逆にいえば、文書の体裁で、あなたのビジネススキルをアピールできるということでもある。

採用側より　小説とビジネス文書

文章がまとまらない人は、自分の経歴を自分史(小説)のように書いていないか注意して読み返してみることが必要です。応募書類はビジネス文書なので、いかにわかりやすく伝えるかが重要になってきます。採用担当者は応募書類を自分の仕事の合間に見ることが多いので、長く書かれた小説のような文章から、あなたのよさを読み取る余裕はないというのが正直なところです。

Column 採用現場のホンネ

まさか!? 書類選考を抽選で…

昔の話です。転職が日常化している今では考えられないことですが、ある有名企業が中途採用の募集をかけたところ、驚くほどの応募が殺到しました。その数なんと2000名超! その膨大な応募を前に、採用担当者が考え抜いた結論は「抽選」というものでした。無作為に抽選し、**まずは「応募者を半分に絞り込む」**手段をとったのです。

書類選考は本来、みなさんが自分のことを一生懸命アピールしようと手塩にかけまとめた書類を扱うので、応募がたくさんきたからといっても、当然大事にしなければならないものです。

ただ、先のケースでは、実際に来る日も来る日も膨大な書類の山が届くのを、目の当たりにし理想と現実の狭間に立って苦渋の決断に至ったのでした。

今日の採用現場でも、理想と現実の狭間に立ち苦労している採用担当者は大勢います。私はよく地方に出張しますが、その際に、飛行機や新幹線でラインマーカー片手に書類選考している採用部門の現場担当者らしき人の姿をときどき見かけます。これなどは、**キャリア採用での書類選考の実態をよく表していると思います。**「真剣に検討したいけど、業務中にはなかなか時間がとれないから、移動時間を利用し、集中して選考してしまおう」。そんな気持ちがこちらにも伝わってきます。

この実情からもわかるように、採用担当者が一人あたりの書類選考にかける手間暇や時間は、応募者のそれから比べると実に短時間なのです。

だから、というわけでもありませんが、移動中の機内や車内でもパッと読んでわかる、「見て理解できる書類」を作成することが重要になってくるのです。

24

PART 2
履歴書作成のコツ

「手書きじゃないとダメ?」「空白があってはいけない?」など、面倒な悩みどころが多い履歴書。ところが Point さえ押さえてしまえば実は誰でも簡単に書ける!

出る履歴書の書き方

BADな履歴書

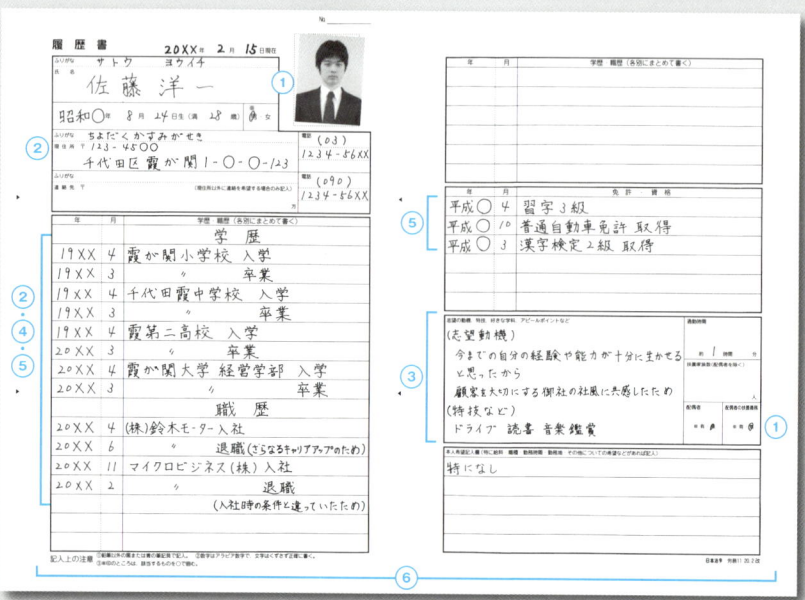

NGポイント

1. 写真の貼り方や○印が雑
2. 略称・略記号を多用
3. 内容が通り一遍
4. 学歴ばかり目立つ
5. 西暦と和暦が不統一
6. 全体的に空欄が目立つ

ここがわるい

表記の統一や整理がされていない。また、どんなによく撮れた写真でも、曲がって貼っていればそれだけでNG。「だらしなく、仕事ができない人」と思われてしまう。採用担当者は、履歴書を通して「あなた」を想像しているということを忘れないように。

PART 2 履歴書作成のコツ

こんなに違う！差が

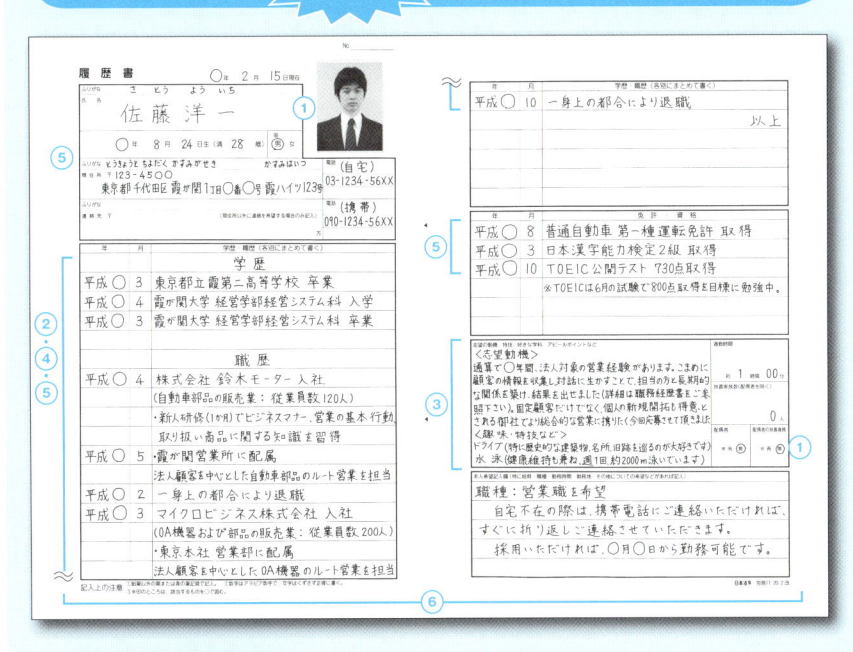

GOODな履歴書

履歴書

（履歴書の内容は画像参照）

OKポイント

1. 写真、○など細部まで丁寧
2. 正式名称で書かれている
3. なぜ応募したかが伝わる
4. 学歴と職歴が簡潔
5. 年表記が統一されている
6. 過不足なく書かれている

ここがよい

どの項目で何がいいたいのかが、すっきりと整理されていてわかりやすい。空欄が少なく、自分の言葉で書いてあるのもプラスポイント。「考える力があり、仕事を安心して任せられそうな人」と好印象を焼きつけられる。

実はカンタン。通る履歴書作成

神経質になる必要はない

■ 履歴項目に従って記入すればOK

現在、中途採用の書類選考では、**履歴書から職務経歴書に重点が移っています**。これまでの「求職活動＝履歴書」という堅苦しいイメージではとらえないほうがいいでしょう。むしろ履歴書の場合は、書く項目やフォーマットが決まっているので、それに従って淡々と記入していけばよいと考えてください。必要以上に神経質になることはありません。

履歴書の作成で悩んでしまう人はたいてい「趣味の欄はどう書けば受けがいいか」とか「印鑑は実印でないとダメか」など、**実は採用側にとってはどうでもいいようなことで迷っている**のです。履歴書は、事実を正確に書けばよい書類と考えましょう。

■ 徹底的に下書きして清書する

とはいえ、万年筆でいきなり本番の履歴書を書くのも考えものです。修正液（テープ）で訂正したり、汚れやシミをつけたりしているような履歴書では、それだけでイメージが悪く、選考でマイナス評価されてしまいます。履歴書を書く場合は、**履歴書を２通用意して、下書きすることを勧めます**。下書き用に、鉛筆やシャープペンシルを使って書いてみましょう。読み返してみて、直すべきところを書きあらため「これで完成」と納得のいくところまで修正します。それを本番の用紙に、丁寧に書き写していきます。

下書き用で徹底的に添削し、それを清書する。この手順が成功のコツです。

これだけは絶対に注意する

■ 採用側のホンネ、気になるのはこんなこと

手書きが基本
パソコンで作成したものが決してNGというわけではないが、思いを込めるためにも手書きが基本と心得よう。

省略表記
「株式会社」を「(株)」などと略すのはビジネスマナーを疑われかねないので避ける。

修正液などでの訂正
書き間違いを修正液(テープ)で消すのは、もちろんNG。採用側へ誠意を見せるためにも、必ず書き直す。

年号のばらつき
和暦・西暦の混在は避ける。統一してあれば相手も経歴をたどりやすく、またきちんとしている人との印象を与えやすい。

文字の分量
空欄があると印象を損ねるが、ぎっちりと書き込むのもNG。重要なのはバランス。どうしても書きたいことは職務経歴書へ。

文字の変化
途中でペンを替えたりして、文字の太さが変わってしまうと、相手に雑な印象を与える。ペンは最後まで必ず同じもので！

 採用側より　内容が自慢にならないように
応募書類に共通していえることは、書かれている内容や文面が自慢になっていると読む気がしないということ。特に履歴書では、自分の基本情報を淡々と書き進んでいくことをお勧めします。完成して読み返すときに、文面が自慢話になっていないかを注意するとよいでしょう。

履歴書で知りたいのは「学歴」と「職歴」の欄

採用側がもっとも重視する項目とは

■ やはり学歴・職歴を見られる

採用担当者が履歴書で気にするのは、あなたが「今どういうところにいて、何をしているのか」ということです。つまり、**あなたの客観的事実であるバックグラウンドが一番知りたいポイント**なのです。

故に、採用担当者がまず注目するのは「学歴」と「職歴」の欄です。「○○大学××学部を卒業し、△△関係の仕事をしてきた」という**学歴と職歴の関連性**が重要視されます。

それだけに、ここでの年号の間違いは致命傷となります。それに比べると「趣味」や「特技」、また履歴書での志望動機などは実は注目度が低くなります。それが、よくも悪くも採用現場の現実なのです。

■ マイナス点を作らない

それなら他の項目を軽視していいかというと、そうではありません。書式にある項目が埋められ、誠意ある文面になっていることは前提条件です。写真も撮り方がいいかげんなものだと、大きなマイナスです。

また、履歴書も**一つのビジネス文書**ということを心得ておき、最低限のルールは守って書きましょう。年号の表記は西暦か、昭和・平成・令和の和暦で統一する、職歴の最後には「以上」と書いて締めくくるなど、文書としての様式はととのえるようにします。

「志望の理由」なども、小さな文字でぎっしりと書くより、**読みやすく整然とまとまっているほうが読み手の印象はよい**はずです。

履歴書における採用側の視点

■ 履歴書で押さえておきたいポイント

あなたのバックグラウンドを見る

▶履歴書には志望理由や資格、趣味・特技などさまざまな記入項目があるが、採用側がもっとも重視するのは「学歴」「職歴」の欄。また、学歴・職歴にブランクがある場合は、フォローできる理由があれば書き添えておこう。詳しくはPART3で。

ビジネス文書と意識し、読みやすくする

[箇条書きにする]

		職　　歴
平成○	5	株式会社○○書店　入社
		（書籍販売：従業員数28名）
		・主に接客・販売を担当
		・2年目より実用書の仕入れも担当

[簡潔な文章&体言止めを活用]

志望の動機

前職では主にイベント企画や広報のアシスタント業務を経験。大規模フェアの企画・運営から営業まで幅広く行っている貴社で、より総合的な業務に携わりたく、転職を決意いたしました。

▶履歴書は特別な書類と考えるのではなく、一種のビジネス文書という意識でとらえたい。つまり、あなたがふだんの仕事で作成する書類のように、箇条書きや体言止めなどを駆使して、より読みやすい文書になるようまとめてみよう。

履歴書はJIS規格を使う

マイナスポイントは書かなくてすむタイプがよい

■「市販の書式に手書き」が基本

今は履歴書をインターネットでダウンロードできます。WEBから応募する際は、これに入力でOKです。ただし郵送の場合は市販のものを使います。ダウンロードした書式を使うときでもプリントして手書きします。

現在、市販の履歴書には転職者向け、自由記入スペースの広いもの、自己紹介書付きなど種類がさまざまありますが、私は基本的にJIS規格のものをお勧めしています。形式であれこれ迷うのなら、JIS規格と決めてしまいましょう。履歴書はあくまで基本データなので、選んだ書式によって選考が大きく左右されることは、まずありません。ベーシックな書式でいいのです。

■空白ができないようスペースを工夫

市販の用紙を使う以上、どうしても書くスペースは限られてきます。JIS規格は「学歴・職歴」の欄が広くとられているため、多少の工夫が必要です。

たとえば30歳代で、過去に2、3回転職を経験した人ならちょうどいいスペースかもしれませんが、第二新卒などの場合には空白が目立ってしまいます。その際は「○○大学入学」の下欄に専攻を書いたり、「○○大学卒業」の下欄に卒業論文のテーマを書いたりしてもいいでしょう。また、職歴には会社での業務内容のほかにマナー研修の内容などを簡単に添えてもOKです。逆に、転職回数の多い人は、学歴を最終学歴だけにしてもかまいません。

さまざまな履歴書のフォーマット

■ JIS規格の履歴書

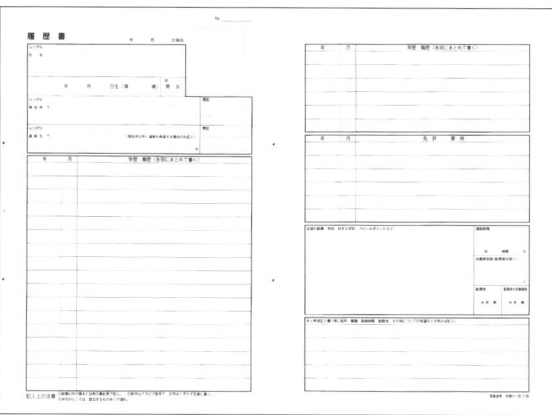

▶もっともベーシックなタイプ。採用側が見慣れている学歴・職歴欄が多いので、社会人経験の長い人にも十分対応している。また、書き込む項目もごくシンプルで、あれこれ悩まないですむのでお勧め。

■ 転職者用の履歴書

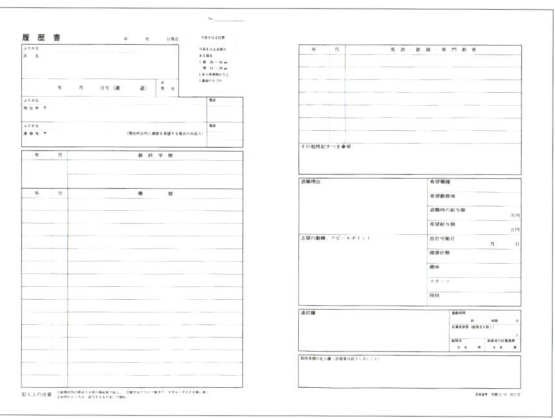

▶一般的に転職者用として知られているタイプ。学歴の欄が少なく、退職理由や志望動機の欄が大きくとられている。退職理由は何かとマイナスな文章になりがちで、言い訳のように読み取られるケースもあるので、書く際に気をつける。

採用側より フォーマットで悩むより企業研究を！

履歴書のフォーマットは自分の書きやすいもので基本的にはOK。どれが書きやすいか、書き比べるくらいなら、その時間を企業研究にあててほしいところです。フォーマットのタイプで選考が左右されることはないので、あくまでフォーマットより書く内容が重要ということをお忘れなく。

印象を左右する重要なポイント一覧

履歴書はささいな点が意外に大切

■「字が下手」は印象悪い?

「字が下手」と不安な方も多いでしょう。確かに字が上手な人はセールスポイントになりますが、下手でも心を込めて書けば問題ありません。**小さすぎず、罫線を無視せず、一文字ずつ画数を数えるよう書くのがコツです。**

字が下手だからといって、誰かに代筆を頼んだりするのは絶対に避けましょう。おおげさにいえば、これは虚偽ともとられかねない行為だからです。

きれいな字が好印象を与えるのは事実ですが、現実の仕事で手書きする場面は極端に少なくなっています。それは採用側も重々承知しているので、字の上手・下手が印象を大きく左右することはないと思ってかまいません。

■使い回しはしない

これまで述べてきたように、履歴書だからと必要以上に身がまえることはありません。左に示した**ポイントを押さえ、簡潔に、丁寧に書けばそれでいいのです。**37ページからそれぞれの項目について細かな注意点を記しましたが、それをひと通り頭に入れたうえで、きちんと下書きをして見直しをし、丁寧に清書すればOKです。

また、複数の会社に提出するなら、一社ごとに書くことです。基本データとはいえ、志望理由や自己PRがちぐはぐになれば、採用担当者に見抜かれてしまいます。そうなると決してよい印象を与えません。「**履歴書は一社に一枚**」を大原則としましょう。

よい履歴書にするためのチェックポイント

■ 履歴書で必要なこと

CHECK ✓

- [ ] 「年」表記を和暦・西暦どちらかに統一している
- [ ] 氏名にふりがな（フリガナ）がふられている
- [ ] 略称・略記で書いていない
- [ ] 写真は見た目のよいものを使っている
- [ ] 学歴・職歴欄の最後に『以上』を入れている
- [ ] 免許・資格は業務に関連するものを優先している
- [ ] 志望動機や退職理由に前職の不平不満が入っていない
- [ ] 文字が読みやすい大きさになっている
- [ ] 適切な敬語を使っている
- [ ] 1分前後で読める文字量になっている

▶履歴書を書き終えたら、これら一つ一つをチェックしながら読み返してみよう。履歴書の項目ごとの決まりや書き方についてはPART3を参考に！

Column 採用現場のホンネ

会ってみてびっくりな"経歴書美人"

あるOA機器販売会社の選考での話です。

採用担当者が書類を見る限り、応募者のキャリアは理想的でした。また、**「明朗快活で行動力とコミュニケーション力に自信あり」**という自己PRの内容から「体育会系のウチにぴったりかもしれない」とかなり期待して、忙しい上司のスケジュールもおさえ、万全の態勢で面接に臨みました。

しかし、目の前に現れたのは色白で物静かな青年でした。担当者は事前に「色黒でがっしりしていそう」などと体形まで勝手に予想していたのですが、まったくの的外れでした。結局不採用となったのですが、担当者は上司から**「おまえが『明るくて活動的なので、会ってほしい』というから面接に出たのに…」**と大目玉をくらったそうです。

転職エージェントからの紹介の場合、キャリアアドバイザーが「推薦コメント」を添えて紹介先に売り込むのが一般的で、このコメントは、選考結果に大きく影響してきます。特に「熱望されているのでぜひ会ってほしい」「ITにかける思いは並々ならぬものがあります」のようなアツいコメントを添えると、面接には進みやすくなります。

ただ、一方で事前に熱烈にアピールするほど期待が妙に高まり実際に会ってみた印象とギャップが生じやすくなり、不利になることもあり得ます。

例えば、ネットで評判のラーメン店に3時間並んで入った場合と、その店と全く同じものがりがけに入った店で出てきた場合とでは、並んで食べた店の評価のほうが辛口になるでしょう。これと似た評価が面接でもしばしば下されるのです。書類が一人歩きしないよう気をつけましょう。

PART 3
履歴書の書き方

「志望動機はどう書けばいい?」「資格、特技、希望給与はどこまで書くべき?」。ここでは、そんな悩みを一つずつ解決する、履歴書作成のルールをズバリ解説!

「基本データ」のミスは命取り

一字一句、心を込めて

■ 「基本データ」は最初に読まれる部分

氏名、住所などを書く「基本データ」の欄は、採用担当者がまず目にするものです。その意味では、**履歴書の第一印象**となる部分なので、丁寧に誤りなく書くことを心がけましょう。

筆記具ですが、私は基本的に「黒か濃紺インクの万年筆」をお勧めしています。形から入るというわけではありませんが、万年筆を使うと気持ちが引き締まるものです。

履歴書は、淡々と書くとはいっても、あなたの人生にとって**重要な書類**になるはずですので、それを実感しながら書く意味でもお勧めです。

ただ、万年筆を使い慣れていない方も多いでしょうから、その場合はボールペンでもかまいません。ただし、ボールペンなら、インクの色はやはり黒にしておきましょう。

■ 一歩差のつく住所・電話番号の書き方

住所は都道府県名から、マンション名なども略さず正確に書きましょう。

電話番号は、固定電話があればその番号を書き、携帯電話の番号はその下欄（JIS規格では「連絡先」の電話番号欄）に記入するのが通例です。

携帯電話のほうが連絡をとりやすい場合は、「**お急ぎの場合は携帯電話にお願い致します**」などの文をフリースペースに書き添えておくようにします。携帯電話しかないなら、その番号を記入して、「（携帯電話）」と入れておけば問題ありません。

ファースト・インプレッションは基本データから

■ 基本データの書き方

日付はいつの時点か
郵送の場合は投函する日、持参の場合は提出する日を書く。

ふりがな？ フリガナ？
振り仮名は、記入欄に「ふりがな」とあれば平仮名で、「フリガナ」とあれば片仮名で、略さずに書こう。

名前は戸籍どおりに
名前は略さず、ふだん使っていなくても「髙橋」「中澤」「齋藤」などと書く。

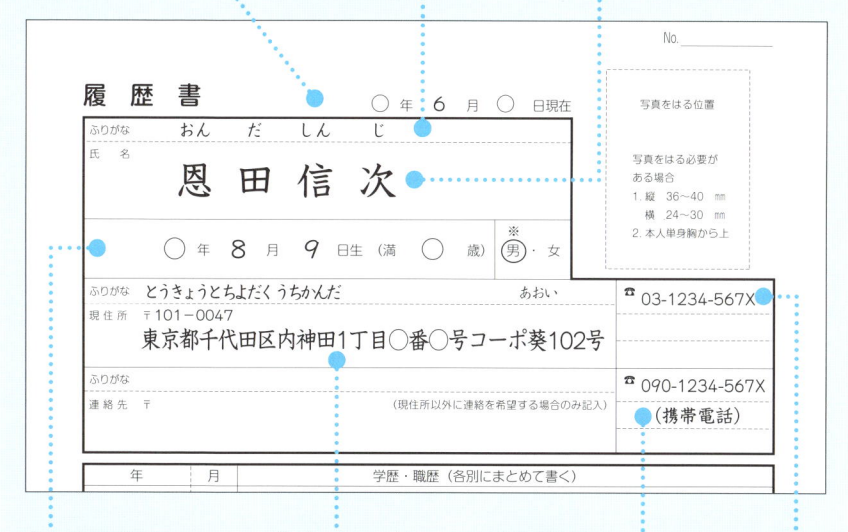

```
履歴書                ○年 6 月 ○ 日現在        No._____

ふりがな  おん  だ  しん  じ                    写真をはる位置
氏 名
         恩 田 信 次                           写真をはる必要が
                                              ある場合
         ○年 8 月 9 日生（満  歳）※男・女    1. 縦 36～40 mm
                                                 横 24～30 mm
                                              2. 本人単身胸から上

ふりがな とうきょうとちよだくうちかんだ   あおい    ☎ 03-1234-567X
現住所 〒101-0047
       東京都千代田区内神田1丁目○番○号コープ葵102号

ふりがな                                            ☎ 090-1234-567X
連絡先 〒       （現住所以外に連絡を希望する場合のみ記入）  （携帯電話）

  年   月          学歴・職歴（各別にまとめて書く）
```

和暦か西暦か
生年月日は和暦でも西暦でもOK。ただし和暦なら和暦、西暦なら西暦で他の欄でもそれは合わせ統一する。満年齢は、履歴書を提出する時点での年齢を書くこと。

住所は略さずに
都道府県名から記入。また「ー（ハイフン）」は使わず「○丁目○番○号」とする。マンション名なども省略せずに書こう。

携帯電話を書くとき
「（携帯電話）」と記すのがマナー。

必ず市外局番から
ハイフンでわかりやすく市外局番と個別番号とを分け明記する。

✎ 日付は同じペンで書く

▶書きためていた履歴書は、採用担当者にはすぐわかる。何社にも同じ履歴書を送っていると思われないよう、清書は直前がベスト。書きためた場合は、必ず日付は同じペンで書くようにしよう。

採用側は「写真」でイメージをふくらます

"新たに写真館で"がベスト

■ 使い回し、スピード写真は避ける

応募書類の中で、**唯一のビジュアル情報が「写真」**です。人間は、人の顔から相当な量の情報と印象を得るものです。なので、撮る際は採用担当者のことを思い浮かべ「見てください」という思いを込めるとよいでしょう。

スピード写真でもOKですが、私は**写真館などでプロに撮影してもらう**ことをお勧めしています。出来上がりの印象が明らかに違うからです。モノクロかカラーかは好みの問題ですが、選考段階で複数の人が見るためにコピーされることも多いので、迷ったらモノクロにしておいたほうが無難でしょう。

また経験上、モノクロのほうがなぜかまじめに見えやすいということもあります。

■ 服装はダークスーツで

服装は、男女とも**黒や紺などのダーク系のスーツがベスト**です。特にモノクロの場合、淡い色のスーツでは背景に溶け込んでしまうので注意しましょう。派手な柄ものは避け、男性は白いワイシャツにネクタイ、女性は白のブラウスが基本です。

髪形や身だしなみに気を配るのはいうまでもありませんが、ヒゲを生やしていたり、髪を染めていたりする場合はどうすべきか、迷う人もいるでしょう。その人の個性の一部なので、基本的には自分の思いどおりでいいでしょう。ただし、**就職活動の現場は想像以上に保守的**なので、ヒゲや茶髪が有利にはたらくことはないと思っておいてください。

40

証明写真で損をしないために…

■ OK例・NG例

[男性] 清潔感と健康さを前面に出す

○ ×

[服装]
黒または紺のダークスーツがベスト。淡い色は印象がぼんやりしてしまう。中に着るのは白いワイシャツにネクタイ。Tシャツや柄ものは避ける。

[髪形]
清潔感のあることがポイント。男性は短く切るか分けるかして、前髪を眉にかからせないのが基本。

[女性] 表情はやわらかく、髪形はすっきりと

○ ×

[服装]
黒または紺のダークスーツが基本。中は白のブラウスがベスト。透ける素材やレースやフリルがついたものはNG。制服がなく、私服を着ることが多い仕事でもスーツ着用が基本。アクセサリーはつけない。

[髪形]
ショートの場合は、ほおにかからないように、ロングの場合は髪をまとめて、すっきりと見せよう。

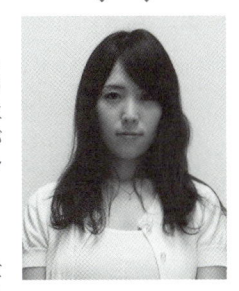

✎ 写真館で撮る
▶スピード写真やデジカメで撮ったものに比べ、仕上がりが明らかに違う。またプロが表情の指示もしてくれる。

✎「お願いする」気持ちで
▶カメラの向こうに採用担当者がいると想像して撮ってもらおう。真摯な気持ちが表情に表れるはず。

✎ 写真の色
▶迷ったらモノクロ。企業が履歴書を複写することがあるため、モノクロならオリジナルとさほど印象が変わらない。

✎ 髪の色は黒く
▶髪を染めている人は、黒くしておこう。茶髪で落とされることはあっても、その逆はない。

「学歴・職歴」欄は年・月のミスに要注意

意外に間違えやすい年号の表記

■ココでのミスはマイナスになるだけ

履歴書には○年○月と記入する箇所がたくさんあります。**必ず正確に記入するよう心がけてください。**

特に学歴、職歴を記入する際には気をつけましょう。一年でも間違えると、学歴なら留年、職歴ならブランクがあったなどと、それぞれ誤解されてしまいます。履歴書には下書きしてから、記入しましょう。

また、和暦で書くか西暦で書くか迷う人もいるでしょう。これまでは和暦がフォーマルと考えられていましたが、現在はどちらでもかまいません。ただし**和暦にしろ西暦にしろ、一方に決めたらそれで最後まで統一し、混在させてはいけません。**

■西暦のほうがわかりやすい場合も

また、ある程度の年齢の方は大学卒業から現在に至るまで経歴が、昭和や平成、令和とまたがっているはずです。その場合、学歴、職歴は西暦にしたほうが相手に伝わりやすいともいえます。

たとえば和暦で「昭和62年から平成4年まで○○株式会社に勤務」と書かれていたら、その会社に何年間勤務していたのか、瞬時にはわかりにくいものです。そのような場合は西暦をお勧めします。

年号をどちらかに統一することは体裁面で必要ですが、まずは**正確に間違いなく書くことがもっとも重要**です。ケアレスミスで損をしてもつまらないだけです。

うっかりミスにご用心！　年次早見表

生まれた年	小学校卒業	中学校卒業	高校卒業	大学卒業	短大卒業
平成13年(2001)	平成26年3月(2014)	平成29年3月(2017)	令和2年3月(2020)	令和6年3月(2024)	令和4年3月(2022)
平成12年(2000)	平成25年3月(2013)	平成28年3月(2016)	平成31年3月(2019)	令和5年3月(2023)	令和3年3月(2021)
平成11年(1999)	平成24年3月(2012)	平成27年3月(2015)	平成30年3月(2018)	令和4年3月(2022)	令和2年3月(2020)
平成10年(1998)	平成23年3月(2011)	平成26年3月(2014)	平成29年3月(2017)	令和3年3月(2021)	平成31年3月(2019)
平成9年(1997)	平成22年3月(2010)	平成25年3月(2013)	平成28年3月(2016)	令和2年3月(2020)	平成30年3月(2018)
平成8年(1996)	平成21年3月(2009)	平成24年3月(2012)	平成27年3月(2015)	平成31年3月(2019)	平成29年3月(2017)
平成7年(1995)	平成20年3月(2008)	平成23年3月(2011)	平成26年3月(2014)	平成30年3月(2018)	平成28年3月(2016)
平成6年(1994)	平成19年3月(2007)	平成22年3月(2010)	平成25年3月(2013)	平成29年3月(2017)	平成27年3月(2015)
平成5年(1993)	平成18年3月(2006)	平成21年3月(2009)	平成24年3月(2012)	平成28年3月(2016)	平成26年3月(2014)
平成4年(1992)	平成17年3月(2005)	平成20年3月(2008)	平成23年3月(2011)	平成27年3月(2015)	平成25年3月(2013)
平成3年(1991)	平成16年3月(2004)	平成19年3月(2007)	平成22年3月(2010)	平成26年3月(2014)	平成24年3月(2012)
平成2年(1990)	平成15年3月(2003)	平成18年3月(2006)	平成21年3月(2009)	平成25年3月(2013)	平成23年3月(2011)
昭64/平1年(1989)	平成14年3月(2002)	平成17年3月(2005)	平成20年3月(2008)	平成24年3月(2012)	平成22年3月(2010)
昭和63年(1988)	平成13年3月(2001)	平成16年3月(2004)	平成19年3月(2007)	平成23年3月(2011)	平成21年3月(2009)
昭和62年(1987)	平成12年3月(2000)	平成15年3月(2003)	平成18年3月(2006)	平成22年3月(2010)	平成20年3月(2008)
昭和61年(1986)	平成11年3月(1999)	平成14年3月(2002)	平成17年3月(2005)	平成21年3月(2009)	平成19年3月(2007)
昭和60年(1985)	平成10年3月(1998)	平成13年3月(2001)	平成16年3月(2004)	平成20年3月(2008)	平成18年3月(2006)
昭和59年(1984)	平成9年3月(1997)	平成12年3月(2000)	平成15年3月(2003)	平成19年3月(2007)	平成17年3月(2005)
昭和58年(1983)	平成8年3月(1996)	平成11年3月(1999)	平成14年3月(2002)	平成18年3月(2006)	平成16年3月(2004)
昭和57年(1982)	平成7年3月(1995)	平成10年3月(1998)	平成13年3月(2001)	平成17年3月(2005)	平成15年3月(2003)
昭和56年(1981)	平成6年3月(1994)	平成9年3月(1997)	平成12年3月(2000)	平成16年3月(2004)	平成14年3月(2002)
昭和55年(1980)	平成5年3月(1993)	平成8年3月(1996)	平成11年3月(1999)	平成15年3月(2003)	平成13年3月(2001)
昭和54年(1979)	平成4年3月(1992)	平成7年3月(1995)	平成10年3月(1998)	平成14年3月(2002)	平成12年3月(2000)
昭和53年(1978)	平成3年3月(1991)	平成6年3月(1994)	平成9年3月(1997)	平成13年3月(2001)	平成11年3月(1999)
昭和52年(1977)	平成2年3月(1990)	平成5年3月(1993)	平成8年3月(1996)	平成12年3月(2000)	平成10年3月(1998)
昭和51年(1976)	平成元年3月(1989)	平成4年3月(1992)	平成7年3月(1995)	平成11年3月(1999)	平成9年3月(1997)

（早生まれの人は、生まれた年の前の年になる。また浪人や留年した人は、上表のとおりではないので注意）

「学歴」はケースに応じて書き分ける

自分を最大限アピールできる書き方で

■ 浪人、留年、中退などのマイナス点は？

学歴については高等学校卒業の年月から記入するのが一般的です。高校を出ていたら中学校以前は書かなくても問題ありません。

書き方に迷うのが、受験浪人、大学の留年です。しかしこれらは、プラスの要因がなければ特にふれることなく、入学や卒業の年月を記入するだけでOKです。それなりの職歴を積んでいれば、一、二年のズレなどさほど問題にされません。

中途退学の場合は、年次と学校名を記入して卒業と書くかわりに「中退」と書きます。

ただし、家庭の事情など、やむをえない事情があった場合には、そのことを括弧書きなどで書き添えたほうがよいでしょう。

■ 留学、卒論などのプラス点は積極的に

第二新卒などキャリアが浅い応募者の場合、学歴・職歴の欄にはそれほど書くことがなく、空白が多くなってしまいます。その場合は、大学での専攻や卒業論文のテーマなどを記入します。卒業論文が「自動車産業のブランド戦略」など多少でも仕事に関連する内容であれば、それがアピールポイントにもなります。

また、大学在学中に一年間、海外留学をしていたなど**アピールできる点**があれば「〇年〇月から1年間はイギリスへ語学留学」などと付記しましょう。

「書かずにすむ余計なことは書かない」「アピールできるポイントは積極的に」——これが書き方のテクニックです。

44

アピール点は書き、マイナス点は書かない

■「学歴」のポイント

和暦か西暦かを統一
基本データの生年月日と統一させる（元号がまたがる場合は、西暦が親切）。

国公立を入れる
国公立の場合は「○○県立」「○○市立」と入れる。「○○高校」と略さず「○○高等学校」とする。また付属と附属にも注意。

見出しを入れる
職歴と分けるため、1行目の中央に「学歴」と入れる。原則として高校卒業から書く。

年	月	学歴・職歴など（項目別にまとめて書く）
		学　　歴
平成○	3	神奈川県立○○○○高等学校卒業
平成○	4	○○大学文学部日本文学科入学
		現代文学専攻
		平成○年○月から1年間、イギリス・ロンドンへ語学留学
平成○	3	○○大学文学部日本文学科卒業
		卒業論文「源氏物語における女性論」

学校名を省略しない
学校名は省略せずに正式名称で（慶応大学→慶應義塾大学、日大→日本大学）。改称があった場合は「○○大学（現△△大学）」と記入。

卒業論文、専攻名などを入れる
キャリアが少なく学歴・職歴欄に空欄が目立つ人は、卒業論文のテーマや専攻分野を入れる。留学経験がある場合はアピールにもなるので入れておこう。

📝 留年、中途退学について

▶ここでは「単位を落としてしまったため留年」などマイナスになる理由を書く必要はない。ただ、「2年次に交通事故で1年間休学」や、「3年次に家庭の事情で退学」などのやむをえない事情があった場合は、休学なら「入学」と「卒業」の間に、退学なら「退学」の下にその理由を書いてもかまわない。

採用側が重視する「職歴」

履歴書では必要な情報を"簡潔"に書く

■採用担当者が知りたい情報は何か

書類選考で、もっとも重要視されるのが"職歴"です。ただし現在は、職務経歴書もセットで提出するのが通例なので、履歴書では何をどこまで書くのかがポイントになります。

履歴書は、採用担当者が最初に目を通す書類なので、必要な情報がわかりやすく記載されていることが重要です。たとえば職歴欄が「〇年〇月　株式会社細井商事　入社」だけでは、あなたが何をしてきたのかまったくわかりません。

履歴書の職歴欄での"必要な情報"とは「どういう業種・会社で」「どれほどの期間」「どんな仕事」をしてきたか、ということです。それらを簡潔に書くことが、ここでは大切です。

■"アピールしすぎない"がポイント

具体的には、会社名の下の欄に、その会社の事業内容、企業規模（従業員数）を記入し、さらにその下に、あなたが携わってきた業務の内容を書きましょう。

ここでは売上や実績などを詳しく述べる必要はありません。むしろ"アピールしすぎない"ことです。内容が薄いと思いがちですが、もらえないと思いがちですが、最近の傾向は、中途採用の場合「職歴は職務経歴書で」という考え方になってきています。

履歴書の職歴は、ポイントを押さえて書けば問題ありません。**余計な自己PRをするのではなく、必要最低限の情報を記載すればOK**と考えてください。

「職歴」はあくまでわかりやすく

■「職歴」のポイント

勤め先は時系列に
会社の優劣はつけず、時系列に書く。

所属部署などは詳しく
部署名や配属先、役職名、業務内容を詳しく書く。売上や実績などは、職務経歴書で書こう。

事業内容や規模
会社名だけでは業種がわからない場合は、社名の下に事業内容や企業規模を入れる。

見出しを入れる
基本的に学歴のあとに1行あけて「職歴」と書く。

		職　歴
平成○	4	株式会社○○インターナショナル入社（○年○か月）
		（雑貨輸入販売業：従業員数100名）
		・新人研修（1か月）で、ビジネスマナー、販売に関する基礎知識を習得
平成○	5	東南アジア商品仕入部に配属
		商品のリサーチ、仕入れ、管理業務に携わる
平成○	3	一身上の都合により退職
平成○	4	株式会社ABネット入社（○年○か月）
		（ネットによる衣料品、雑貨の輸入販売業　従業員数50名）
		・海外ブランド製品のバイヤー/MD担当
平成○	11	一身上の都合により退職
		以上

現在の状況
在職中なら「現在に至る」、退職が決まっているなら「○月○日に退職予定」とする。

持続力のアピール
一つの職場に長期間勤めたなら、勤続年数を書こう。持続力のアピールにできる。

「以上」で締める
職歴を書き終えたら、次行の右端に「以上」を入れる。

勤務先の形態によって入・退社の書き方が変わってくるので注意しよう！

勤務先形態	書き方	勤務先形態	書き方
会　社	入社・退職	個人事務所・病院	勤務・退職
官公庁	奉職・辞職	フリーランス・個人事業	開業・閉鎖
会社経営	設立・解散	家業の手伝い（非法人の場合）	従事・退職

勤続年数が短い、経験の浅い人

■社内での異動や出向は年月とともに入れる。
■社内研修、新人研修など、これまで受けてきた研修の内容を書くと、基礎訓練を積んできているとのアピールになる。

		職　歴
平成○	4	株式会社○○カンパニー　入社
		（新車・中古車販売業：従業員数150名）
		・新人研修（1か月）でビジネスマナー、
		営業の基本行動、取り扱い商品に関する知識を習得
平成○	5	東京本社　汐留営業所に配属
		個人顧客を中心としたルート営業に携わる
平成○	4	東京本社　品川営業所に配属
		法人顧客を中心としたルート営業に携わる
平成○	3	一身上の都合により退職
		以上

パートやアルバイトの経験がある人

■たとえ軽作業であっても仕事内容を必ず書く。
■パート・アルバイトであることを明確にする。
■勤務時間や頻度（「常勤」「週○日勤務」）を明記する。

		職　歴
平成○	5	○○書房にアルバイトとして勤務
		（新刊書店：従業員数28名）
		・○○デパート店にて週4日勤務。接客・販売のほか、
		実用書の仕入れを担当。
平成○	10	・○○会計事務所にアルバイトとして勤務（常勤）
		（会計事務所：従業員数12名）
		・総務部として、電話応対、クライアント用資料作成、資料整理を担当。
平成○	3	株式会社○○にアルバイトとして勤務（常勤）
		（医学系出版社：従業員数52名）
平成○	5	一身上の都合により退職
		以上

派遣社員として働いてきた人

- ■派遣先の会社は「以下○社で派遣社員として勤務」として、年月と内容を書く。
- ■派遣会社名を書く。
- ■正社員に登用・昇格されるなど、雇用形態が変わった場合は行を改める。
- ■派遣社員であることを明確にする。

		職　　歴
平成○	4	派遣会社：○○キャリア 株式会社に派遣登録
		以下2社で派遣社員として勤務
平成○	4	株式会社○○精密機械
		（電子機器メーカー：総務部）
		給料計算、備品・什器などの購入手配
平成○	11	株式会社○○ハウス
		（住宅販売メーカー：営業部）
		一般家庭を対象とした注文住宅の提案・販売活動の補佐
平成○	3	正社員として登用
		勤務態度と事務処理能力を評価され正社員に。総務部に配属
平成○	10	一身上の都合により退職
		以上

その他　倒産やリストラ経験者の職歴欄

❶ 倒産の場合の退職理由は、素直に「会社倒産により退職」、または「会社都合により退職」とする。

❷ リストラの場合の退職理由で、「人員整理のため希望退職」とするのは避けよう。「不要な人材だったのでは？」と思われてしまう。「業績不振による希望退職に応募」「会社都合により退職」などにする。

短期間しか就いていない仕事があるとき

▶短期間で退職した場合であっても必ず書く。隠していても、正社員で社会保険の手続きをしていればすぐにわかってしまう。最悪の場合、経歴詐称で採用取り消しにもなりかねないので、ここは素直に書いておく。

退職理由について

▶「キャリアアップのため退職」などと理由を詳しく書かなくてよい。自己都合であれば、「一身上の都合により退職」、派遣であれば「期限満了につき退職」とする。

「免許・資格」は取捨選択を!

書くべきものとあえて書かないもの

■ 仕事に関連の深いものを優先

この欄は、取得した順に免許・資格の名称を記入するのが基本です。所有している免許・資格の数が少なければ、すべて書いてよいのですが、やみくもに書いて空白を埋めればよいわけではありません。

基本は、**業務に関連するものを優先する**ということです。それも、応募する会社や業界に関係の深いものを最優先します。

趣味やスポーツで資格を持っていても、それは二の次で、「趣味・特技」の欄に回すべきです。

ただし、自動車の運転免許は必ず記入しましょう。運転には無関係の業種でも、意外な場面でニーズがあることも多いのです。

■ 勉強中でもOK

この欄には「英語検定」や「秘書技能検定」など**公的資格、国家資格以外のものも記入できます**。民間の企業や協会が認定する資格でも、業務に関連があれば積極的に書くべきです。たとえばマイクロソフト主催の「MOS認定試験」など、仕事のスキルをアピールできるものは必ず書くようにします。

また、まだ取得していなくても、応募した業務に関連する講座などを受講していれば記入してもかまいません。意欲や積極性をアピールできます。

免許・資格は、あなたの能力の客観的な証明です。**効果的な取捨選択**を心がけるようにしましょう。

「免許・資格」でアピールする

「免許・資格」の書き方

- ■普通免許は、取得していれば必ず書く。自動二輪免許などは希望職種と関連がなければ「趣味」の欄へ。
- ■外資系企業向けの場合、獲得点数が600点以上なら書いておこう。英語が必要のない職種であれば500点程度でもよい。

年	月	免許・資格・専門教育
平成○	8	実用英語技能検定準1級合格
平成○	8	普通自動車第一種運転免許取得
平成○	12	日本商工会議所主催　簿記検定2級合格
平成○	10	TOEIC公開テスト　680点取得
		※現在 TOEICは730点を目標に勉強中。

- ■取得年月の欄がない場合は、仕事に関連の深いもの・アピールしたいものから順に書く。
- ■転職者用の履歴書の場合、「その他特記すべき事項」の欄に書くと効果的。
- ■希望職種に合いそうな資格は必ず書いておこう。

その他特記すべき事項
さらに高度な簿記や原価計算を学ぶため、現在簿記1級の合格を目指し、勉強中。

こんな免許・資格はどうする？

英検3級	3級以下（外資系は2級以下）は書かない
漢検2級	書くべき。ただし、他にもっと書くべき免許・資格があれば、そちらを優先させる
書道初段	「趣味・特技」欄へ回す
○○インストラクター○級	「趣味・特技」欄へ回す

「趣味・特技」には一言加えて！

人間性や素顔を伝える

■ 一言加えるだけで印象が変わる

趣味・特技の内容で採用が大きく左右されることはありません。ただしこの欄は、採用側があなたの**人間性や素顔を垣間見る箇所**です。面接の際の話の糸口になることもあるので適当に書くのは避けましょう。

「読書」「スポーツ観戦」「音楽鑑賞」など無難なものをよく目にしますが、少しでも輪郭が見えるように書きたいものです。

たとえば「読書（特に歴史小説）」「サッカー観戦（年10回以上スタジアムへ）」「ジャズ鑑賞（CD1000枚所有）」と書くだけで、具体的な人間性が見えてきてアピール度は高まります。

ただスペースはさほど広くもないので、必要以上に細かく書くのはやめましょう。

■ 気どったり無理したりする必要はない

「趣味は特にない」「スポーツや音楽に興味がない」という人もいるでしょう。だからといって、**何も記入しないのは問題**です。何かしら人間性をアピールすることは書いておくべきです。あなたがラーメンが好きで、いろいろな店を食べ歩いているなら「ラーメン店めぐり」もOK。この欄は、仕事に関連していなくてもかまいません。

ほかの応募者と差をつけようと、無理やりひねり出し、本当は興味のないことを記入する必要はありません。素顔のままでいいのです。とはいえ、競馬、パチンコなどのギャンブル系や、明らかにネガティブにとられるものは相手がその業界でなければ控えましょう。

52

「趣味・特技」とそのほかのポイント

「趣味・特技」は具体的に

▶ここでは、あなたの人間性や素顔が表れる。空欄で出すのはもったいない。また、ただ「音楽鑑賞」と書くのではなく、音楽のどんなジャンルが好きなのか、どれくらいの頻度で聴いているのかなど具体的に書く。

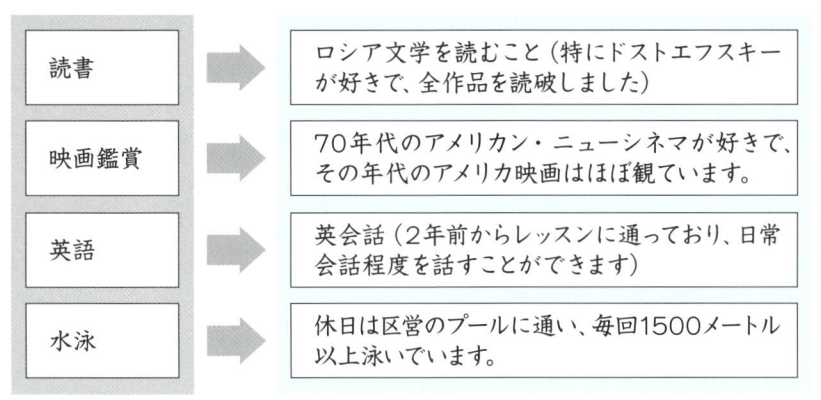

読書	ロシア文学を読むこと（特にドストエフスキーが好きで、全作品を読破しました）
映画鑑賞	70年代のアメリカン・ニューシネマが好きで、その年代のアメリカ映画はほぼ観ています。
英語	英会話（2年前からレッスンに通っており、日常会話程度を話すことができます）
水泳	休日は区営のプールに通い、毎回1500メートル以上泳いでいます。

「健康状態」は「良好」が基本。ハンデがあれば一言添える

▶無欠勤などアピールできるものがあれば、括弧書きで補足する。仕事を休んで定期的に通院しなければならない場合は「通常業務には支障なし（ただし、3か月に一度、午前中にお休みをいただくことがあります）」と断りを入れておけば印象が変わる。

健康状態

極めて良好（前職場での5年間は無遅刻無欠勤でした）

「自覚する性格」は「人から言われたこと」を書く

▶ただ「明るい性格」では、イメージがわかない。具体的に書くことを心がける。また、「自分はこんなにいい性格だ」と主張するのも説得力がない。ここは「人にはこう言われる」と具体例を挙げて説明するとよい。

（自覚する性格）

前職では、お客さまに「あなたは明るいから、こちらも楽しくなる」とお褒めの言葉をよくいただいていました。私自身、人を楽しませることが好きで、この性格が営業でもプラスに働いていたと思っております。

「志望動機・退職理由」の"魅せ方"

履歴書に退職理由を書く必要はない！

■ 動機をきちんと整理する

志望の動機や理由は、履歴書の書式によって、スペースをとっているものもあれば趣味・特技と同じ欄に書くものもあります。

よく「自分の経験と能力が活かせると思ったため」と紋切り型に書きがちですが、やはり**もう一歩、踏み込んで書きたいもの**です。自分がその会社に入って、どうなりたいのか、何を実現したいのか、未来に向けたポジティブな意志を込めることをお勧めします。

そのためにも、あなた自身が「なぜこの会社を選んだのか」をきちんと整理する必要があります。自分のこれまでのキャリアや能力と、志望企業が求めている人物像や業務遂行能力の"接点"を見極めることです。

■ 自分なりに自分の言葉で

志望動機は、面接に進めばそこで必ず聞かれます。そのための準備と考えればいいので す。志望動機をマニュアル本からそのまま書き写したり、あいまいな記述にしたりすると、面接の場で必ずボロが出ます。十分な時間をとり**自分の言葉で書ける**ようにしましょう。

退職理由を書く履歴書もありますが、私は重きをおく必要はないと考えています。前の会社を辞めたのは、何らかの不満や不適合があったからで、それを書くとマイナス表現になってしまうからです。いくら「自己実現のため」などとポジティブな面を強調してもハッタリだと思われてしまうだけで、その意味でも、JIS規格の履歴書なら問題ありません。

採用担当者の気持ちを動かす「志望動機」

■「志望動機」欄のポイント

✎ "なぜ御社なのか" を考える
▶採用担当者が知りたいのは「たくさんある会社の中から、なぜうちの会社を選んだのか」ということ。まずは希望業界についての興味を述べ、「その業界の中で○○の分野に強い御社で働きたい」という流れで書いてみよう。その際に自分との接点を意識することも必要。

✎ 未来を感じさせる
▶新規採用とは違い、中途採用は「経験」が注目される。「これまで何をやってきたか」、またそれによって得たスキルで「何を実現したいのか・できるのか」というビジョンを打ち出そう。

✎ ありがちな表現は絶対NG
▶マニュアル本でよく見かけるありがちな表現は、書いても意味がない。あいまいな表現でごまかしたくなる気持ちもわかるが、57ページを参考にしながら、「なぜこの会社なのか」を突き詰めてみよう。おのずと答えが見えてくるはずだ。

✎ 採用側がウンザリする「NG志望動機」はこう直す！

✕	○
御社の将来性に魅力を感じて	環境問題をいち早くとらえた御社のプロジェクトは、これからの世界標準になると思われます。研究者としての知識や経験を活かし、御社を通して社会に貢献したいと考えております。
御社で自己実現がしたい	全国で留学セミナーを展開する御社で、5年間のフランス留学の経験を活かしながら、留学カウンセラーとして一人でも多くの人にフランス文化のすばらしさを伝えたいと思っております。
御社で今までの経験を活かしたい	3年間の窓口業務で、あらゆる年代のお客様に対応できる知識を得ることができました。御社の営業活動でもその経験を十分に活かし、即戦力として働けることを目指します。
以前から憧れていて…	以前から客として御社の店舗のファンでした。店長として培ったマネジメント能力、接客サービスのノウハウを軸に、御社の全国展開プロジェクトを実現させたいと考えております。

ケース別：志望動機

採用側が知りたいのは、①「なぜこの会社か」②「自分の活かせる経験・知識」③「入社して何がしたいのか」が入っていること

[異業種からの場合]

志望の動機

以前から興味を持っていた3級FP技能士の資格を取得しました。実務経験はありませんが、②対話からニーズを探ることには自信があります。①「人を育てる」研修に定評のある御社で精進しながら、③顧客から信頼を得られるファイナンシャル・プランナーを目指します。

[同業他社の場合]

志望の動機

②店長として店舗経営に携わるほか、関東近県の店舗指導にもあたってきました。独自に作成したマニュアルが、全店舗で導入された実績もあります。今回、①御社の全国展開プロジェクトを拝見し、③ぜひ取り組みたいと思い応募させていただきました。

[第二新卒の場合]

志望の動機

②短期間ではありますが、いつも目標達成を意識してきました。特にお客様との関係を継続させることに力を注いできました。①地域に根差すことをモットーに事業展開をされている御社で、③お客様と信頼関係を築きながら、「あなたから買いたい」と言っていただける営業を目指したいと思っております。

[転職歴が多い場合]

志望の動機

今まで営業、経理、広報、接客の仕事を経験してまいりましたが、どの仕事でも常に魅力を感じていたのが「人と接すること」です。①業界でも高いリピーター実績を誇る御社で、②経理で培ったコスト意識や広報業務で得た企画力なども活かしながら、③お客様に笑顔で帰っていただける接客に励みたいと願っております。

[派遣を経験している場合]

> 志望の動機
>
> 派遣社員として、主にイベント企画・広報のアシスタントを行ってきました。イベント会場の手配や広告の作成等を行う中で、①より総合的なプロデュース業務に興味を持ち始めました。②今までの現場の経験だけでなく、得意の英語を活かせる御社で、③世界に通用するイベントを企画することが目標です。

[アルバイトを経験している場合]

> 志望の動機
>
> 約6年5か月、②お客様に満足してお帰りいただくことを念頭に接客業務に携わってきました。①常に目標にしてきたのが、○○社長の接客サービスです。その接客業を間近で勉強したく、今回応募いたしました。ホテル業務の直接的な経験はありませんが、③行動目標を立てて早期に戦力になれるよう頑張ります。

[リストラを経験している場合]

> 志望の動機
>
> ②職場では製造する現場との意思疎通不足などの問題点を解消しながら仕事を進めてきました。今回、業績不振による早期退職者優遇制度により、得意分野であるSEとして再出発したく転職を決めました。①創業以来、揺るがないクオリティを保つ御社で、③現場と営業、2つの経験を活かしながら貢献したいと願っております。

✎自分オリジナルの志望動機を整理するために

▶自分の言葉で志望動機を書くために、次の3つのポイントを考えてみよう。履歴書だけでなく職務経歴書や面接の下準備にもなる。

①なぜこの会社を選んだのか
（どこにひかれたのか）

②今までのどんな経験が
この会社で活かせそうか

③この会社で将来、何がしたいのか

「本人希望記入欄」を有効活用

"本人希望"はどこまで許されるか

■ 譲れない条件がある場合だけ書く

この欄は「給料・職種・勤務時間・勤務地その他」について書くところとされていますが、**給料や勤務時間の希望を具体的に書くのは避けたほうがいい**でしょう。履歴書に「希望給与○○円以上」などと書くのは、一般的ではありません。ただし、**どうしても譲れない条件があるのであれば書きましょう**。

たとえば「親の介護で東京近郊以外では勤務できない」などは、きちんとその旨を提示しておきます。

希望欄ということで、さまざまな希望を書く欄と勘違いしている人もいますが、むしろ逆に「どうしても譲れないことがあれば書く欄」ととらえたほうがいいでしょう。

■ ケースに応じて使い分ける

前述した勤務の条件以外に、ここに明記しておくべきなのが「職種」です。応募先の会社によっては、複数の職種で募集をかけている場合などもあり、この欄にも明記しておいたほうがよいでしょう。

JIS規格の場合は「本人希望記入欄」として、フリースペースになっています。**そこには当たり前に希望を書くのではなく、自分が出せる条件やブランクについての補足などを書き込むとよいでしょう**（60ページ参照）。

希望勤務地、希望給与額の欄が設けられている書式もありますが、その場合には「御社規定に準じます」と記入しておけば問題ありません。

暗黙のルールがある

給料の額にはふれない

▶高給与を提示する募集以外は、希望給与にはふれないほうが無難。「御社規定に準じる」とすればよい。退職時の給与額を書く欄があったら、手取り給与ではなく、額面給与を入れる。

× 希望給与額　希望給与30万円以上

○ 希望給与額　御社規定に準じます

または何も書かない

職種は必ず明記する

▶職種は無記入だと複数の職種を募集している場合、採用担当者を混乱させてしまう。

× 希望職種　（空　欄）

○ 希望職種　法人営業

希望勤務地は条件に則して書く

▶希望勤務地は書いてもOKだが、相手の募集条件に合った内容にする。勤務地にないのに「大手町」のようにエリアを限定している場合や「東京都」としか書かれていないなどの場合は「転勤不可」ということで不採用になるおそれもある。必須条件でなく、あくまで希望の場合は誤解を防ぐため「転勤可」と書き加えるようにしよう。

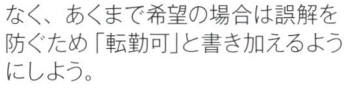

○ 希望勤務地　御社規定に準じます

○ 希望勤務地　東京（転勤可）

または

（譲れない条件があるとき）
例）
○ 希望勤務地　親の介護のため、勤務地は東京を希望

× 希望勤務地　大手町、新宿

POINT 通信欄として使う

JIS規格の履歴書のフリースペースは、職種や譲れない条件を書くほか、「通信欄」として使っても効果的。職歴や学歴にブランクがある人は、ここで詳しく説明してもよい。次ページの例を参考に。

ケース別：フリースペースの使い方

■ 希望や条件を書き込む場合

希望職種・希望勤務地を書く

本人希望記入欄（特に給与・職種・勤務時間帯・勤務地・その他の希望などがあれば記入）
職種：営業職を希望
勤務地：貴社配属に応ず

▶ JIS規格の履歴書には職種、勤務地、給与などの希望を書く欄が別個に設けられていないため、希望がある場合は本人希望記入欄に書くことになる。ただ、給与、勤務地、時間帯などの希望については「どうしても譲れない理由がある」場合だけ記載するようにする。空白ができるからといって、希望を細かく書き込むのは、採用側から融通の利かない人材と判断され、選考対象から外されるおそれもあるので気をつけよう。

希望より「出せる条件」を書く

本人希望記入欄（特に給与・職種・勤務時間帯・勤務地・その他の希望などがあれば記入）
職種：販売職（店長候補）を希望
東京出身ではありますが、転勤は全国可能なので、ぜひ選考いただければと存じます。

▶ 希望ばかりではなく、自分から出せる条件を書く欄として使うのも効果的。「土・日の勤務が可能」「不規則な時間帯の勤務も可」などと、応募先の業務をイメージし、その仕事に合うよう譲歩できる条件を提示するとよい。

POINT 「配偶者の有無」「扶養家族の有無」「通勤時間」

配偶者・扶養家族の有無は小さな欄で軽視しがちだが、採用後の待遇にかかわってくるので、意外と重要な項目と考えよう。また、通勤時間は、会社に到着できる最短時間を書く。遠いからと、実際よりも短く書くのはNG。マイナスな印象を与えると思うのなら、フリースペースで補足しておくとよい。

■ 通信欄として利用するケース

✒ 連絡が取れる時間帯を書く

> 本人希望記入欄（特に給与・職種・勤務時間帯・勤務地・その他の希望などがあれば記入）
> 職種：経理事務職を希望
> 現在、在職中のため、万が一電話に出ることができなかった場合は
> 留守番電話にご伝言ください。
> 確認次第こちらからご連絡させていただきます。

▶特に在職中の場合は、電話に出られる時間帯などを書いておくとよい。ただし、「連絡が取れない場合は携帯へ、それでもつながらない場合は○○の時間帯に」などと、相手に指図する書き方にならないよう気をつけよう。

✒ ブランクについての補足

> 本人希望記入欄（特に給与・職種・勤務時間帯・勤務地・その他の希望などがあれば記入）
> 職種：企画営業職を希望
> 前職を退職してから、1年間ワーキングホリデーで、語学の勉強をかねオーストラリアに滞在しておりました。日本に戻り、本格的に転職活動を始めるとともに、現在はビジネススクールでロジカルプレゼンテーションの勉強中です。

▶履歴書で採用側がもっとも気にするのは学歴や職歴にブランクがある場合。ブランクについて理由があれば、本人希望記入欄を使いそのことを伝えておくとよい。ただし特別な理由がない場合は、あれこれ言い訳をせず、何もふれないようにしておくこと。

✒ 求められる年齢層よりもオーバーしていそうなとき

> 本人希望記入欄（特に給与・職種・勤務時間帯・勤務地・その他の希望などがあれば記入）
> 職種：システムエンジニアを希望
> 年齢面で厳しいところかと存じますが、○年の間若手のメンバーに囲まれ、エンジニアとしてエネルギッシュに働いてまいりました。
> 職務の詳細は職務経歴書に記載してありますので、ぜひ、ご検討ください。

▶年齢がオーバーしていそうな場合は「そのことを承知のうえでの応募である」ということと一緒に自分のスキルも訴えたい。また、スキルを訴えるためにも職務経歴書へ誘導するような内容にするとなおよい。

Column 採用現場のホンネ

趣味は「兄とキャッチボール」

履歴書にある「趣味・スポーツ・特技」欄。たいていはテニス、スノーボード、映画鑑賞など、無難なことが書いてあります。しかし、稀（まれ）にとてもユニークなものに出合えます。

たとえば**「立ち食いそば巡り（首都圏）」**。わざわざ「（首都圏）」と書くところにその人のまじめで律儀な一面を感じ取ったりします。特技に**「フォークリフトの運転（免許なし）」**というのもありました。免許なし、と書かれてしまっては正直どう受け止めてよいのかわかりませんでした。

さらに、強烈に印象的だったのが**「兄とキャッチボール」**です。なんとも詩的な表現ではないですか。スピード感あふれるベンチャーへの応募では、いささかポエティックな、のんびりした印象を与えてしまいかねないので、削除するのをお勧めしましたが、個人的には心に残っています。

ところで趣味の欄は、いったいいつごろから何のためにできたのでしょう。選考では本来、職務遂行に必要な情報以外は聞くべきではない、というのが不当な差別を排除する採用現場の鉄則です。単なる慣例で聞いていたことで、なくすには忍びない程度の理由で生き延びているように思います。

さて、そんな趣味の欄に「趣味とはいえ本気で極めている」「ボランティアとして社会とのコミュニケーション活動に取り組んでいる」のように、関心を集めようと書くのは結構ですが、選考ではあくまで仕事に関することを伝えるのが本筋です。面接で趣味の話題になったとたん生き生きと話し始め「この人は『趣味が人生』だ」などと思われないようにご注意ください。

PART 4
職務経歴書作成のコツ

大転職時代の今日、もっとも重要視される提出書類が職務経歴書。応募先に今の自分を最大限アピールするため、作成のコツから自分のセールスポイントの見つけ方まで徹底解説！

職務経歴書こそが採用を左右する時代

会いたくなる職務経歴書。二つの条件

■ 転職でポテンシャル採用はない

繰り返しますが、中途採用は新卒採用と違い、募集部門のトップとなる「あなたの上司になる」人が目を通します。つまり、採用にあたって、どんな仕事をしてほしいかが明確で、新卒採用のように「秘めた能力や可能性で採用される」ケースは稀なのです。

そこで、彼らが考えているのは「自分の望む知識や経験を持っている人材かどうか」ということです。これは、**履歴書レベルでは知ることができません**。さらに詳細な "職歴の内容・レベル" "備わっているスキル・能力" に焦点があてられます。これらのことをふまえ、相手に会いたくさせる職務経歴書に仕上げるには、次の2つのポイントが重要になります。

■ わかりやすく、具体的に

一つは「**相手のほしい情報が顕在しているか**」です。つまり、短時間で必要な情報が読み取れる職務経歴書になっているかということです。そのためには、後述する "キーワード化" "接点を見つける" などの作業が必要になってきます。

もう一つは「**仕事の具体的な経験・能力が見えるようになっているか**」です。単に「○○会社で営業経験3年」では、具体的な仕事の中身がまるでわかりません。どんな業種で、どのような商品を、どういう手法で営業してきたのか、また、その経験が応募先の企業でどう活用できるのか、まで見える職務経歴書をめざすことが大事です。

大転職時代、職務経歴書が重視されるワケ

■ 募集部門のトップの目とは

✏️ ほしい人材のイメージが明確にある

採用担当者 →（職務経歴書で見る）

中途採用の場合は、即戦力としてやってほしい仕事が決まっていることが多い。

- やってほしい仕事に適した経験があるか
- 仕事で活かせるスキルを持っているか

▶中途採用では常に即戦力となる人材を求めることが多い。つまり、その人を採用した場合、その部門で行っている業務がすぐにできるのか、またできそうか、ということが重視されてくる。それを念頭に置き、職歴として具体的にまとめる必要がある。

✏️ 検索に引っかかるような文書にする

●キーワードがある
相手が求める言葉を意識する。また、自分が伝えたいフレーズが長くなって埋もれていないか、抽象的でないか見直してみる。

●行動がイメージできる
「知っています」より「できます」、「頑張ってきました」より「飛び込みで1日○件営業してきました」など、事実と数字で客観性を持たせる。

●読みやすい文章
箇条書きにして、読みやすくする。熱い思いが盛り込まれた長くて自分本位な文章よりも、見る側に立った、簡潔でわかりやすい文章にする。

●見やすいレイアウト
「職務要約」「職務経歴」「自己PR」などの見出しをつける。また空白のスペースを有効に使い、相手が見てわかりやすいレイアウトを心がける。

> **POINT 短時間で相手の心をキャッチ**
> 募集部門のトップ（採用担当者）は、忙しい日々の業務の合間に応募書類を見るので、短い時間で「この人いいな」「会ってみたいな」と思わせる必要がある。そのためには、募集する部門の仕事に合った経歴やスキルが、ひと目でパッと飛び込んでくるよう書き方や見せ方に工夫を凝らした職務経歴書にしなければならない。

PART 4 職務経歴書作成のコツ

通る職務経歴書作成の3ステップ

まず総ざらえし、それを加工する

■ 基本はパソコンで横書き1枚。2枚までOK

職務経歴書の完成形は**「A4サイズ1枚」が基本**になります。職歴の多い人は2枚になってもOKですが、私の知るところでは、採用担当者のほとんどが3枚以上になると煩雑さを感じ、読む気が起きなくなるようです。

ただし、下書きの段階では、当然多くてもかまいません。職務経歴書を書くということは、**あなたの仕事の歴史を総ざらえすること**です。時系列に従って、どんな会社で、どのような仕事に携わってきたのかを詳細に書き出してみましょう。キャリアの長い人は4～5枚になってしまうかもしれません。それらを素材に、よりアピール度の高い職務経歴書へと"加工"していくのです。

■ めざすのは"よいビジネス文書"

では、よい職務経歴書とはどういうものか——。それは、ズバリ**「よいビジネス文書」**です。見やすく、わかりやすく、要点が簡潔にまとめられている文書になっているかどうかがポイントになります。

職務経歴書は、読み込んで理解させる書類ではありません。箇条書きで簡潔に、キーワード化してイメージしやすく、具体的な仕事の経歴がコンパクトに十分な情報としてまとまっている。それが、職務経歴書のベストな形です。

後述するさまざまな具体例を見ながら、あなたのキャリアを、最上のビジネス文書に仕上げてください。

通る職務経歴書作成の手順・ポイント

■ 職務経歴書をまとめる3ステップ

Step 1 職歴の総ざらえ

✎ 自分の職歴を詳細に書き出す

▶ いつ・どこで・どんな仕事をしてきたか。またその成果・結果はどうだったかなど細かいところまで思い出しながら自分の職歴を振り返る。

⬇

Step 2 職務経歴書の形に

✎ 職務経歴書の項目に落とし込む

▶ 応募先の会社が求める経験やスキルに合致しそうなものを中心に抽出し、職務経歴書のフォーマットに落とし込んでみる(69ページ参照)。

⬇

Step 3 簡潔に整理してみる

✎ A4サイズ1～2枚にまとめる(パソコンで横書き)

▶ ビジネス文書として、読んでわかりやすい簡潔な文書にまとめる。主観的な部分はできるだけ、数字などを用いて客観的にあらためるよう心がける。

採用側より　職務経歴書は写真のないパンフレット

パンフレットには商品を、わかりやすく魅力的に見せる工夫が施してあります。職務経歴書も同じで、会ってみたいと思わせるものは、わかりやすく、好感の持てる文書になっています。一度、わかりやすいと思ったパンフレットの構成がどうなっているかを分析し、職務経歴書をまとめる際の参考にしてもよいかもしれません。

職務経歴書に欠かせない4大要素

漠然と職歴を綴るのではダメ

■ 必要な項目はコレ

職務経歴書の書式は、基本的に自由です。とはいえ採用側に訴えるものにするには、盛り込む内容はおのずと決まってきます。

① 職務要約

あなたのキャリアの概要を、簡潔にまとめる項目です。どんな業種・企業で、どのような業務に従事してきたのかを端的に、シンプルにまとめます。いわば職務経歴全体の"あらすじ"のようなものです。

② 職務経歴

基本的には時系列に従って、あなたの職歴を具体的に書き出す部分です。まず在職期間、会社名、会社の規模（資本金、従業員数など）、会社の事業内容などを記し、どんな業界の、どのような会社に勤務してきたのかを明らかにします。

そして、その会社でどのような仕事をしてきたのかを具体的に表現します。単に「〇〇部に配属」ではなく、そこでの**実際の仕事ぶり**が相手に伝わるよう工夫しましょう。

③ 活かせる経験・知識・能力

その職務経歴の中で、あなたがどんな経験をして、どの程度の知識や能力を得てきたのか、また、応募先の企業でそれをどう活かせるのかを箇条書きでアピールします。いわば応募企業とあなたの**接点を伝える項目**です。

④ 自己PR

以上をふまえ、応募先に自分をアピールする部分です。**志望動機や意欲を盛り込み、採用担当者に訴える**文章にします。

職務経歴書に盛り込む項目

■ 各項目とその内容

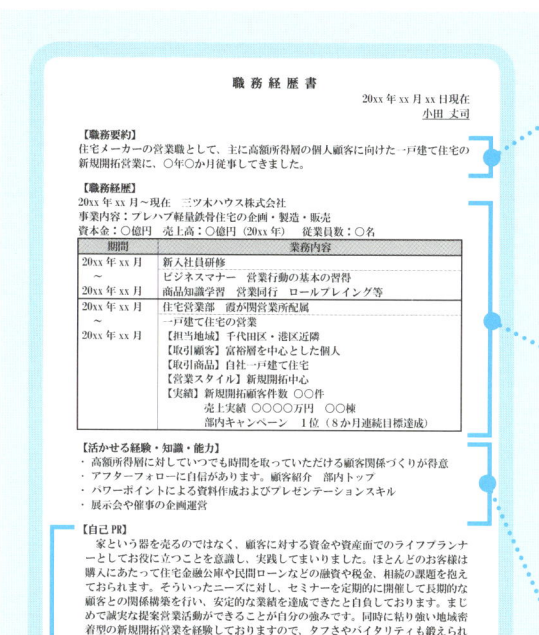

職務経歴書サンプル

```
                            職務経歴書
                                        20xx 年 xx 月 xx 日現在
                                                     小田 丈司
【職務要約】
住宅メーカーの営業職として、主に高額所得層の個人顧客に向けた一戸建て住宅の
新規開拓営業に、○年○か月従事してきました。

【職務経歴】
20xx 年 xx 月～現在  三ツ木ハウス株式会社
事業内容：プレハブ軽量鉄骨住宅の企画・製造・販売
資本金：○億円  売上高：○億円（20xx 年）  従業員数：○名

| 期間 | 業務内容 |
| 20xx 年 xx 月～20xx 年 xx 月 | 新入社員研修 ビジネスマナー 営業行動の基本の習得 商品知識学習 営業同行 ロールプレイング等 |
| 20xx 年 xx 月～20xx 年 xx 月 | 住宅営業部 霞が関営業所配属 一戸建て住宅の営業 【担当地域】千代田区・港区近隣 【取引顧客】富裕層を中心とした個人 【取引商品】自社一戸建て住宅 【営業スタイル】新規開拓中心 【実績】新規開拓顧客件数 ○○件 売上実績 ○○○○万円 ○○棟 部内キャンペーン 1位（8か月連続目標達成）|

【活かせる経験・知識・能力】
・高額所得層に対していつでも時間を取っていただける顧客関係づくりが得意
・アフターフォローに自信があります。顧客紹介 部内トップ
・パワーポイントによる資料作成およびプレゼンテーションスキル
・展示会や催事の企画運営

【自己PR】
 家という器を売るのではなく、顧客に対する資金や資産面でのライフプランナ
ーとしてお役に立つことを意識し、実践してまいりました。ほとんどのお客様は
購入にあたって住宅金融公庫や民間ローンなどの融資や税金、相続の課題を抱え
ておられます。そういったニーズに対し、セミナーを定期的に開催して長期的な
顧客との関係構築を行い、安定的な業績を達成できたと自負しております。まじ
めで誠実な提案営業活動ができることが自分の強みです。同時に粘り強い地域密
着型の新規開拓営業活動を経験しておりますので、タフさやバイタリティも鍛えら
れていると思います。ぜひご検討ください。

                                                      以上
```

① 【職務要約】＝あらすじ

職歴を一言で、わかりやすく伝える。自分の仕事にキャッチフレーズをつけたらどうなるかを意識しながら、**100字以内にまとめる**。

② 【職務経歴】＝内容

もっともベースとなる部分。どこで、いつからいつまで、どんなことをしてきたのかがわかるように書く。また、会社の規模や実績などは数字で示すとわかりやすい。具体的には**在職期間、会社名、規模、事業内容、自分が行った業務内容**を記載する。

③ 【活かせる経験・知識・能力】＝接点

PCスキルをただ書くだけではなく「煩雑な業務に優先順位をつけ、正確かつ迅速に処理する力」といった自分の能力や姿勢も、**接点**と考えて書くと一層効果的。

④ 【自己PR】＝アピール

「○○ができます」「○○の経験を□□に活かせます」など歯切れのよい文章にしながら**アピール**しよう。また、**志望理由**や経歴のブランクなどのフォローにも使える。

✎ 4つの項目を一連の流れと考える

▶「職務要約」＝私はこういう仕事をしてきました→「職務経歴」＝その詳細はこのような内容で→「活かせる経験・知識・能力」＝そのうちで○○の経験が御社に活かせます→「自己PR」＝さらに自分の思いと職歴を補足すると……。のように、それぞれ単独で考えるのではなく、一連の流れをとらえながらまとめてみよう。

すべての仕事は5W1Hに分解できる

何から書けばよいかわからない人へ

■ 具体的に、わかりやすく整理

職務経歴書を書くにあたって、根幹となる部分が「職務経歴」です。つまり、あなたがどこの会社で、どんな仕事に携わってきたかを具体的に示す箇所です。「○○部に配属。営業活動に従事」では具体的とはいえませんし、逆に携わったプロジェクトをただ羅列しただけでは相手に伝わりにくくなってしまいます。

書くことに悩んだら、あなたが行ってきた仕事をいつ(**when**)、どこで(**where**)、なぜ(**why**)、何を(**what**)、誰に(**whom**)、どのように(**how**)してきたのか、**5W1H**で整理してみましょう。そうすることで、自分のキャリアを客観的に見ることができるはずです。

■ キャリアの価値を再発見する

具体的にいうと、たとえば住宅の営業マンなら「家を売ってきた」ということをさらに掘り下げてみます。どんな住宅を、どのような顧客層に売ってきたのか、そこで、どういう営業手法を使ってきたのか、どんな実績を上げられたのかという具合です。

こうして5W1Hに分析してみれば、相手に伝わる客観的な情報に要約できます。それはさらに、「どんな経験や能力を得られたのか」「応募先でどう活かせるのか」などの発見にもつながってくるはずです。

あなた自身が気づいていない能力やスキルを見つけ出すためにも、職務経歴を整理してみることが重要なのです。

自分のキャリアを5W1Hで分析

■ 5W1H の例

- **When**(いつ) → 20××年〇月~●月
- **Where**(どこで) → 〇〇ハウス株式会社 住宅営業部　霞が関営業所
- **Why**(なぜ) → 販売目標を達成するため
- **What**(何を) → 一戸建て住宅（高額商品）
- **Whom**(誰に) → 富裕層を中心とした個人顧客
- **How**(どのように) → 顧客紹介、展示場案内相談などの新規開拓営業により

↓

結果・成果 → 新規開拓顧客件数　〇〇件
売上実績〇〇〇〇万円／〇〇棟

具体的に細かく分析する

▶分析については「個人顧客」→「富裕層を中心とした個人顧客」、「住宅」→「一戸建て住宅（高額商品）」のように、なるべく具体的に書き出すことが重要。そうすることで、書類を見た採用担当者の目を引くキーワードを盛り込めるうえ、あなたの働く様子をよりイメージしやすくなる。

応募企業との接点を見つけ出そう

相手のニーズに応じて取捨選択する

■ 求人ニーズとキャリアを照合する

職務経歴書では、応募企業との**接点**を探すことも重要です。職務経歴書は履歴書と違い、事実を淡々と書けばよいというものではありません。**相手のニーズに合うことは強調し、関係のない部分は省略する**取捨選択が必要になってきます。では、その接点はどう見つけ出せばいいのでしょう。

70ページで説明した業務を5W1Hに分解して、自分のキャリアが客観的に把握できるようになったら、今度は応募する会社や職種と、どんな部分でつながりがあるかを"照合"してみます。どんな経験や能力を求められているのか、それに対して自分がアピールできるものは何かを考えてみるのです。

■ 接点をキーワードに

そして、相手のニーズに自分のキャリアを近づけた表現をしてみましょう。

応募企業の求めている能力・経験がわかれば、そのニーズに対応できる自分の要素をキーワード化してみるのです。

たとえば、住宅メーカーの営業から保険の営業への転職の場合、何か月に何件売ってきたという成績も重要ですが、そこに「お客様のライフプランナー的視点から商品を提示することを心がけた」というモットーを示せば、保険業界との接点を示せます（左ページ）。これまでの業務で培ったあなたの価値の中で、**相手のニーズに応えられそうな部分をアピールする**、これが職務経歴書作成の一つの技術です。

接点をアピールする

■ 接点探しとアピールの表現

ある応募先の募集要件と業務内容

- お客様ごとの多様なニーズに応えることができるスキルやノウハウのある人材を募集。
- お客様の要望に合わせたさまざまな保険商品の提案、および長い付き合いを通して信頼関係を築きながら資産運用や財産管理を含めたトータルなコンサルティングも行う。

住宅メーカー → 転職 → **保険商品販売業**

商品＝住宅
- 高額な商品
- 資産価値のある商品
- 人生の大きな買い物

← 接点 → 高額で、資産価値があり、人生に対して重要な商品の販売を手がけてきた

商品＝保険
- 比較的高額な商品
- 資産価値のある商品
- 将来への投資

営業スタイル
- 売りっぱなしにならない長期的な信頼関係の構築
- 高額な商品のため、顧客に対して資金や資産面で役に立つアドバイスを心がける

← 接点 → 長期的な関係構築力と資産に関するアドバイスなどライフプランナー的な視点

営業スタイル
- 信頼関係を構築し、要望に合わせた商品を提案
- 資産運用や財産管理を含めたトータルなコンサルティング業務

自己PR例文

家という**高額で、お客様の人生に大きな意味を持つ商品を販売するにあたり、資金や資産面を含めたライフプランナーとしてお役に立てること**を意識して勤めてきました。お客様の多くは購入に際し、融資や相続などの課題を抱えておられます。そうしたニーズに対し、セミナー開催を通して、**長期的な関係を構築し、**安定した業績を実現してきました。

※太字＝接点

持ち運びできるスキルをアピール

応募先で何が発揮できるのか悩んだら

■ "使えるもの"と"使えないもの"

異業種への応募などでは、何をアピールすべきか頭を悩ますこともあるでしょう。そんなときは**持ち運びできるスキル**に注目します。

たとえば、食料品の販売からアパレルの販売へ転職するとします。この場合、食料品に関する知識・情報はアパレル業では使い道がありません。しかし、接客のノウハウや実績、店長クラスであればマネジメント能力、運営経験は次の職場でも活かせるわけです。

このように、前のキャリアと転職先で"使えるもの"と"使えないもの"を照合して、**持ち運びできる経験・能力をピックアップしてみる**ことも重要です。これが採用側のニーズとの接点を探す作業にもなるのです。

■ 転職先をイメージしてみる

これは特に難しいことではなく、応募先の会社で働いた場合、どんな商品を、どのようにして売るのか、客層はどうか、などと想像してみるだけでいいのです。そこで「こんな場面は共通していそうだ」「こういう状況にはどう対応できるだろう」などと考えられるはずです。

たとえば、以前の勤務先で"常連さんを多く作れた"のであれば、それを応募先のニーズに対応した言葉に変換すればいいのです。そうすれば、「高いリピート率を実現できました」「長期的な信頼関係を築いて積極的に新商品をアピール…」など、**採用担当者に響く表現**に応用できるはずです。

持ち運びできるスキルとは

■ 持ち運びできる能力を探す

✏️ 応募先の会社で活かせる自分の経験・知識・能力を見つける

▶応募先の会社が前職とまったく違う業種の場合は、直接活かせる知識や実績を探すのではなく、これまで培ってきた経験や能力の中で活かせるものがないかを考えるとよい。

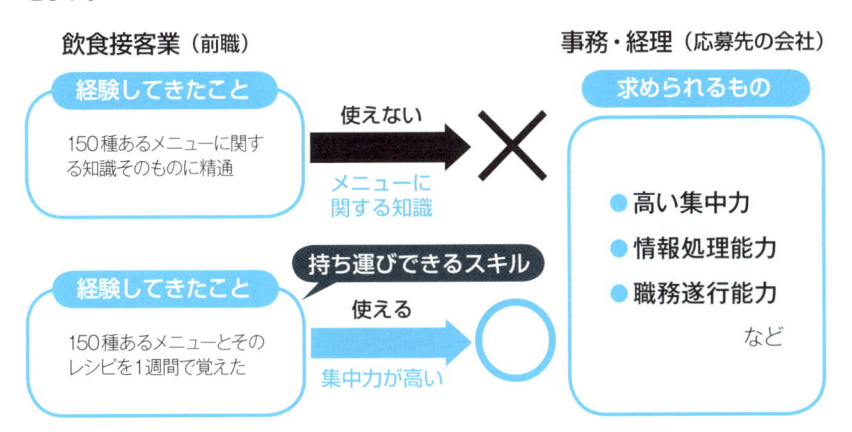

飲食接客業（前職）

- 経験してきたこと
  - 150種あるメニューに関する知識そのものに精通
  - → 使えない（メニューに関する知識）✗

- 経験してきたこと
  - 150種あるメニューとそのレシピを1週間で覚えた
  - → 持ち運びできるスキル／使える（集中力が高い）

事務・経理（応募先の会社）

求められるもの
- 高い集中力
- 情報処理能力
- 職務遂行能力

など

✏️ ニーズに合わせた言葉に変換するには

▶活かせると思った知識や経験、能力をそのまま書いても採用担当者には伝わりにくい。相手がキャッチしやすいワードにするには、相手のニーズ（求めるもの）に合わせて表現を換えることが必要となる。

さらにもう一歩踏み込んだ表現に

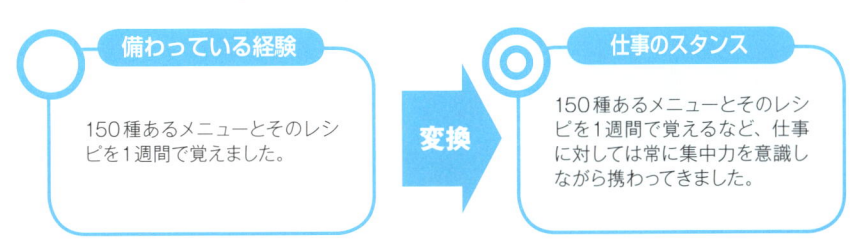

備わっている経験	変換	仕事のスタンス
150種あるメニューとそのレシピを1週間で覚えました。	→	150種あるメニューとそのレシピを1週間で覚えるなど、仕事に対しては常に集中力を意識しながら携わってきました。

PART 4　職務経歴書作成のコツ

自分の成長を盛り込む

短いキャリアでも何かを得ている

■ 経験を詳細に振り返ってみる

キャリアの浅い人などは、職務経歴書で何をアピールしていいか、わからない場合もあるでしょう。しかし、短期間でも仕事に携わった以上は何かを得ているはずです。

そんな人はまず、その期間中に、自分がどんな分野の仕事で、どのような業務を行ってきたのか、詳細に書き出してみることです。新人研修を受けていれば、もちろんそれも含めます。応募先の仕事と関連があれば、アルバイト経験もプラスになることがあります。

そして、その中で自分がどんな経験・能力を得たのか、振り返ってみましょう。**それまで経験できなかったこと、初めてできたこと**などが必ず見つかるはずです。

■ 誇大な自己評価は避ける

ただし、それを誇大に表現するのは避けましょう。採用担当者は、あなたより経験豊富なビジネスマンです。誇大な自己評価は、ただの"勘違い"と思われてしまいます。

短期間でも、自分なりの達成や発見を素直に表現し、そこからさらに未来に向けての意欲が感じ取ってもらえるような職務経歴書にすることはできます。

また、キャリアの浅い人は実績が少ない分、自己PRで、自らの意欲や今後の展望をアピールする必要があるでしょう。

ここでもネガティブな表現や誇大な自己評価は避け、**新たな出発に向けての意欲や希望**を強調しておくべきです。

誰でも必ず成長している

■ 自分の成長を発見する

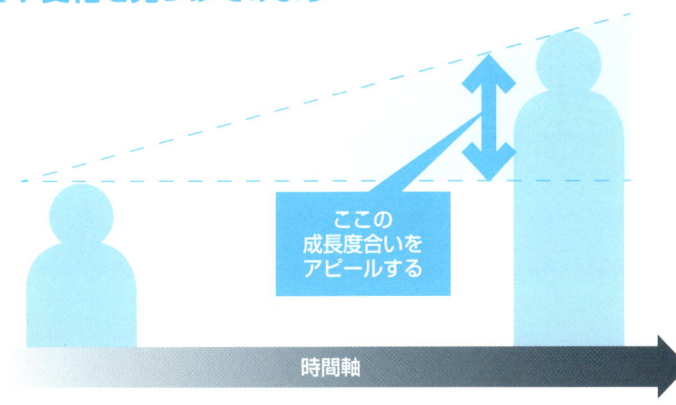

✎ 職務経験の浅い人は、職歴の中に気づきや変化を見つけてみよう

ここの
成長度合いを
アピールする

時間軸

▶第二新卒やアルバイト経験しかない人などは、特に仕事の一コマ一コマを詳細に思い返してみよう。「毎日率先して電話に出ることで、人の応対やビジネスマナーに自信が持てるようになった」など、ささいなことでも必ず成長している部分があるはず。その成長度合いや努力した過程、心がけなどをアピールしてみるのも一つの手だ。

✎ おおげさな自己PRはNG！

誇大表現

毎日元気よく働くことが、仕事に対するモチベーションを高めることにつながると認識しています。また、周りが嫌がるような膨大な顧客データを管理する仕事も、楽しく、率先して取り組むことで、仕事に対する重い責任感と奥深さを実感しました。

→ 修正 →

成長を織り込む

何ごとにも元気よくを意識し、仕事に対するモチベーションを高めることを日々の目標にしてきました。**当初は苦手だった顧客データ管理の仕事**も、率先して取り組めるようになり、**今では約2000件のデータ管理を任されるようになりました。**

▶オーバーになりがちな文章には「主観が交じっている」「形容詞が多い」「具体性がない」などが見受けられることが多い。このような表現は極力省き、具体的な数字などを入れ、相手に確実に届く明解な内容にしてみよう。

批判や言い訳、評論は絶対に避ける

こんな表現はマイナスになるだけ

■批判や言い訳はタブー

職務経歴書に盛り込むべきでないものとして**批判、言い訳、評論**が挙げられます。

たとえば、退職した理由に不満やストレスはつきどんな職場であっても不満やストレスはつきものです。ただそれらの批判を文章にしてしまうと、どうしても形容詞が入って、主観的になり、愚痴のように見受けられてしまいがちです。

また、批判を書き連ねると、**採用しても同じことになりかねない**と懸念され、よい印象は与えません。言い訳によって自分を正当化しようとするのも避けるべきです。「自分に非はなかった」と強く主張すると、**人間関係や組織活動に不適格な印象を与えて**しまいます。

■独りよがりの評論も悪印象

また、自己PRなどでよく書いてしまうのが "**評論的な言い方**" です。「現在、貴社を取り巻く環境は○○と考えられ……」「顧客ニーズを的確にピックアップし、それを顕在化させていく……」など、ビジネス書に出てきそうな表現や語句を書き連ねることで、あなたの知的な面をアピールしようとしても、かえって逆効果になりがちです。

なぜなら、面接をする人たちには将来、あなたの上司になる人が含まれています。つまり、あなた以上のビジネス知識を持ち、専門分野の情報に精通している人なのです。あくまで "**簡潔で要を得た文章**" を心がけましょう。

こんな表現はマイナスイメージを与える

批判、言い訳、評論は NG

NG 批判の例

前職は長時間の勤務に対する配慮がなく、そのことが給与にも反映されにくい状況でした。会社自体がそれに全く無関心なことに対し、このままではとてもモチベーションを保てないと判断し、転職を決意しました。

- 退職理由をストレートに書くと批判につながるので気をつけよう。
- 批判は「採用しても同じことになるのでは」と懸念されかねない。

NG 言い訳の例

これまで私自身、数々のクオリティの高い仕事に従事し、優れた成績も残してきました。しかし今回、業績悪化にともなう米国本社からの一方的な通達で、事務的な人員削減が行われ、不本意ながら転職を余儀なくされました。

- 言い訳は「自分には無関係」といった姿勢を相手に感じさせてしまう。
- 人間関係や組織活動に不適格な印象を与えてしまう。

NG 評論の例

マーケティングでは、潜在ニーズをすばやく察知し、相手の立場に立ったものの見方・考え方をし、互恵の関係を築いていく過程で、課題を発見・解決していくことが新たな相互の付加価値の構築につながると考えています。

- 知識をアピールしようとして、かえってわかりにくい文章になってしまっている。
- 職種の評論を書いても、採用側はすでに理解していることが多いのでアピールにはならない。

PART 4 職務経歴書作成のコツ

面接は職務経歴書をもとに行われる

書くべき内容がおのずと見えてくる

■ 職務経歴書は面接のシナリオ

実は**職務経歴書に書く項目は、面接で聞かれる内容とよく似ています**。面接でも、職務経歴書に書いた順番で質問されると思ってもいいぐらいです。具体的にいうと「自己紹介と簡単な職歴」→「職歴の詳細」→「その職歴で得た経験・能力」→「志望理由や自己PR」といった具合です。

それならば、職務経歴書の作成をいっそ面接の予行演習と考えてはどうでしょう。つまり、**職務経歴書がそのまま面接での台本になる**のです。

これは、あなたが自分の経験や能力を"言葉"で把握し、表現するためにも、きわめて有効な考え方です。

■ 面接での質問を想定してみる

まず、あなたが面接官だったら、どんな質問をするか想像してみてください。「前社での職務内容を具体的に説明してください」「○○のプロジェクトでは、どんな役割を担ってきましたか」など、わりあい簡単に想定できるはずです。そして、その質問に対する答えを、あなたなりの言葉で書いてみるのです。

「職務経歴」「得てきた知識や経験」「志望理由」「自己PR」など、想定される内容ごとにシミュレーションしてみれば、職務経歴書に盛り込むべき内容がほぼ網羅されるはずです。それらをもう一度整理し、職務経歴書に適宜入れ込んでいけば、**さらに上質な職務経歴書**に仕上がるのは間違いありません。

職務経歴書と面接はリンクしている

■ 面接にも活かしたい職務経歴書

✎ 手続き書類ではなく「面接のシナリオ」と考えよう

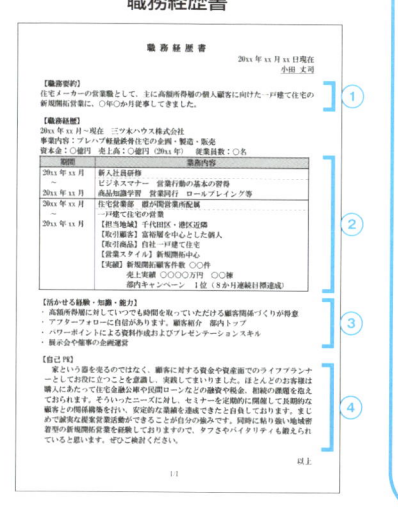

面接官 → 質問

面接の大きな流れ

1. 「自己紹介とあなたの簡単な経歴をお願いします」
2. 「具体的な職務の内容についてお聞かせください」
3. 「私たちの会社に入った場合、あなたは何ができますか」
4. 「伝えたいことやアピールしたいことはありますか」

↓ リンク

職務経歴書の構成

1. **職務要約**
「私はこういう仕事をしてきた人です」と簡潔に説明するところ。

2. **職務経歴**
ふだんの働きやその成果を実際の数字を含め、具体的に伝えるところ。

3. **活かせる知識・経験・能力**
自分の職歴の中で得てきたスキルや経験、知識などを提示するところ。

4. **自己PR**
志望理由や仕事に対する取り組みなどの補足事項を説明・アピールするところ。

●採用側の声

意外と見落としがちなのが職務経歴書と面接のリンク。職務経歴書をただの手続き書類ととらえ、面接では別のことを答えてしまう人が多い。書類の内容と面接で話したことが違うと当然、印象は悪くなると心得ておこう。

PART 4 職務経歴書作成のコツ

こんな職務経歴書は敬遠される

最初からマイナス評価を受ける書類とは

■ "市販品をそのまま" はNG

特に中高年や若年者にありがちなのが、市販の履歴書に添付されている職務経歴書に記入して提出してしまう例（左図参照）。これは、履歴書の「職歴欄」を拡大しただけのものなので、使うのは避けましょう。何のアピールにもなりません。

あくまで**自分でオリジナルの職務経歴書を作成するのが基本**です。とはいえ、ゼロから作り上げるのも大変なので、本書に掲載したさまざまな例や、私が所属するリクルートエージェントのWEB上にある豊富なテンプレート（ひな形）などを参考にして、自分なりに加工していけばさほど難しいものではありません。

■ 求められるのは "客観性"

また、敬遠されがちなのが、**精神論や意欲のアピールに終始しているもの**。実務経験の少ない人は実績がない分、一生懸命さや熱意をアピールしようとするのも無理はありませんが、客観性や裏づけがなければ空回りしてしまいます。

職務経歴書が自分をアピールする書類であることは間違いありません。しかし、**"自分を客観的に見ることができる能力"** は、社会人として、また職業人として、広く求められる力なのです。「自分の職務経歴は他人にはどう見えるのだろう」という視点も大切です。それをふまえて書くことが、採用担当者への好アピールを生む秘訣の一つです。

マイナスの評価を受けないために

■ 市販の職務経歴書

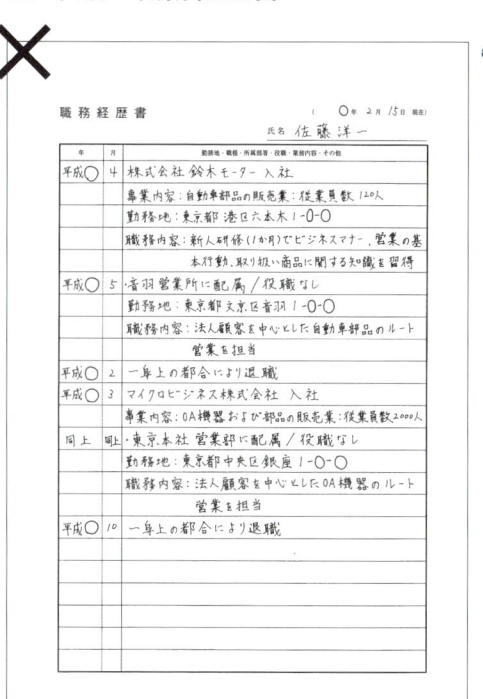

市販のもので安直にすまさない！！

▶履歴書とセットになっている市販の職務経歴書を使うのは、アピールするチャンスを自ら放棄していると考えるべき。文書の書き方・まとめ方から採用はスタートしていると思ったほうがよい。

■ 採用側は職務経歴書の体裁でココを見る

書類の書き方でもあなたの能力が伝わる！

- 客観的に物事をとらえる能力
- 相手にわかりやすく伝えるプレゼンスキル
- 誠実さ、まじめさ

▶採用側が知りたいのは、もちろん書類の内容だが、客観的かつ簡潔に自分をアピールするといった書類のまとめ方からも、あなたの印象やスキルは伝わると考え職務経歴書を作成してみよう。また、おざなりでない、主観的になりすぎない点に気をつけるのも、書類に誠実さを出すポイントとなる。

PART 4 職務経歴書作成のコツ

秒殺される職務経歴書の例

「好印象」と「悪印象」はどこが違う？

■「長すぎる」「短すぎる」は×

好印象を持たれる職務経歴書とは**「的確にポイントがまとめられ、簡潔かつ十分」**な印象を与えるものです。一方、悪印象を持たれるのは**「必要以上に長く、だらだらと書かれている」**、あるいは逆に**「あまりにも素っ気ない」**という印象を与えるものです。

キャリアが豊富な人に多いのですが、4～5枚にもわたる長い職務経歴書は「ポイントを簡潔にまとめる能力に欠けている」と見なされてしまいます。自分の職歴や長所をアピールしたい気持ちはわかりますが、ムダに長い文章や表現は避けるべきです。このタイプの人は、えてして文章が主観的で、修飾や評論が多い傾向にあります。

■ 積極性や意欲を前面に

ただ事実を記しただけの職務経歴書も**「意欲に欠ける」「自分をPRするスキルがない」**と見られてしまいます。どんな仕事であっても、積極性や意欲は決してマイナスポイントにはなりません。自ら課題を発見し、それを乗り越えていくような人材こそが会社では求められているのです。

「職務経歴書を書く」という課題を与えられているのに、仕事に対する態度も同じだろうと思われてしまいます。

どんなにキャリアの浅い人でも、その中からアピールできるポイントは必ずあるので、そこを職務経歴書に盛り込むようにします。

職務経歴書の悪い例 1

■ スカスカ文書の職務経歴書

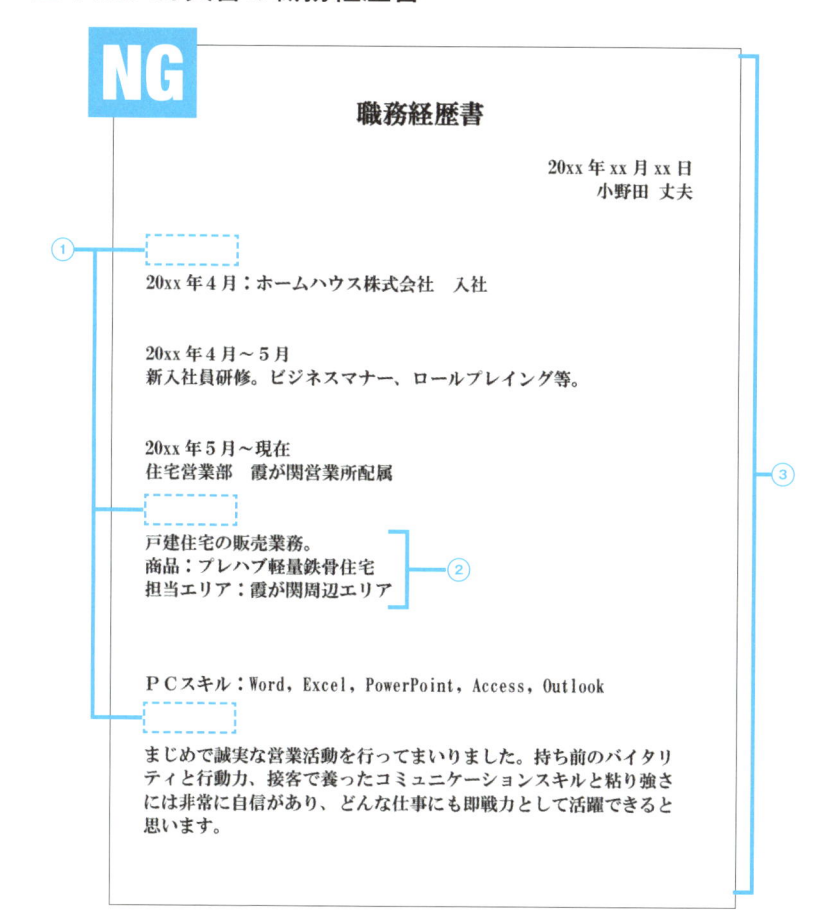

NG

職務経歴書

20xx 年 xx 月 xx 日
小野田 丈夫

①

20xx 年 4 月：ホームハウス株式会社　入社

20xx 年 4 月～5 月
新入社員研修。ビジネスマナー、ロールプレイング等。

20xx 年 5 月～現在
住宅営業部　霞が関営業所配属

戸建住宅の販売業務。
商品：プレハブ軽量鉄骨住宅　②
担当エリア：霞が関周辺エリア

ＰＣスキル：Word, Excel, PowerPoint, Access, Outlook

まじめで誠実な営業活動を行ってまいりました。持ち前のバイタリティと行動力、接客で養ったコミュニケーションスキルと粘り強さには非常に自信があり、どんな仕事にも即戦力として活躍できると思います。

③

ここがNG

①見出しがないので、どこに何が書かれているのか一目ではわかりにくい。
②職務経歴に実績などの数字がなく、具体性に欠ける。中身がよくわからない。
③全体的にスカスカで、この文書からはやる気や積極性は感じ取れない。

職務経歴書の悪い例 2

■ ぎっちり文書の職歴書

NG

職務経歴書

中澤 荘介

阪北工業株式会社　（東証二部上場　本社：東京）
【経験職種】
アカウントセールス
【職務経歴要約】
東証二部上場の電子部品製造メーカーにて、近畿地区3年・東北地区1.5年、大手セットメーカーやアッセンブリ会社へのルート営業職に従事。
【職務経歴詳細】
大阪営業所/営業（199x年4月～20xx年x月）
東北営業所/営業（20xx年x月～20xx年x月）
【担当商品・サービスの概要】
同社製造の電子部品全般
【営業スタイル】
法人営業（既存顧客の取引深耕、新規製品の参入）
【担当エリア】
関西エリア　東北エリア全域
同社扱い製品全般の販売、納期管理、工場との折衝など
【主な経験実績】
199x年x月　大阪営業所配属
- 営業所規模28名、当時、中核スポンサーの一社である「北田精密工業」を中心に既存商品の受注及び新規拡販を行う
- 新規参入製品や納期計画等の打合せで、地方工場への出張を定期的に行う
  - 現場のスタッフと実際に顔を合わせ直接対話する事で、営業から見える面だけではなく、現場で起こるシステムエラーやヒューマンエラーを生の情報として体験することができた
- 不良品によるラインストップ時には営業現場での迅速な対応を心がける
  - 率先して現場での自社製品の検査や稼動しているラインに入ることで、数千万円単位に及ぶ請求を回避した
  - 日頃、工場長や品質管理スタッフとのコミュニケーションを綿密にとることより、率先垂範の意味を体得できた
20xx年x月　　東北営業所に配属。主な業務としては上記に同じ
- 営業所規模9名、東北の電気機器メーカーを主に担当
- 休眠顧客、既存顧客への掘り起こし営業にあたる
- 営業所のストック在庫の体質を改善するため、受発注の流れを明確にする
  - 納入代行業者の選定と運用サポートの経験を活かせた
- 各メーカーの海外工場への生産シフトの動きが活発になり、国内調達が激減し国内営業の受注減少が著しくなる
  - 受注量拡大のため、技術部隊と共にカスタム品への提案強化を行い、量産品シェア獲得に向けて、使用製品のマップ（マーケティング）の精度をあげる
20xx年x月　　事業縮小による会社都合により退職
  - 組織は守ってくれない、自らが変革していくしかないと確信する

【経歴の要約】
上場企業での営業として、ものづくりの一連の流れと、机上の論理だけではない、現場の人と人との関わりの中で培われるものごとの深さについて経験する事ができた。また、納入代行業者の選定と運用サポートに責任者として関わった経験は、製造から物流といったものづくりの全体の流れを知ることができ、大きな経験になった。特に学んだ事として、新規開拓営業からはじめたことで、営業スタンスの棚卸ができた事、リピート率を上げるための営業の基本行動を再確認できた事、また、自らコミットメントして立ち上げたプロジェクトを遂行した事で、ビジネスの視野と価値観を広げられたと共に、信頼できる人と価値ある仕事ができた事に対し、関わる人たちへの感謝の心を多く学んだ。

[アピールポイント]
メーカー営業においては、取引深耕のために、マーケティングとヒューマンの両面から取引全体の流れを見る事と、現場重視の工夫を行ってきた。要求スペックに対しては部分的に見るのではなく、全体設計を確認しながら工場へ伝えるようにしたり、積極的に客先の工場ラインとの接点を持ち、現場の状況を把握するため、工場長はじめ、各スタッフとの接触を密にしたりし、結果として管理部門から製造部門まで横断的に信頼を得ることに成功した。

【自己PR】
クライアントの顕在化しているニーズに対して、的確な支援方法の提案をすることはもちろん、**潜在ニーズもすばやく察知し、相手の立場に立ったものの見方・考え方をし、**相互互恵の関係性を築いて行くプロセスの中で、課題を発見し、解決していく事が新たな相互の付加価値の構築につながると考えています。顧客との信頼関係を築き仕事の発注を受け、それを実践・行動していくことで、組織と個人の成長を育めるものと確信しています。
今後、経営的な視点を活かし経営全般に対しての付加価値の高い支援サービスを築いていくにあたっては、さらに理論も身につけ、感性や視野も広げていかなくてはならないと感じています。いままでクオリティの高い仕事に従事してきたのですが、**業績悪化のための成績に関係のない機械的な人員削減により、不本意ながらも退職を余儀なくされました。**現在、以前からつきあいのあった複数の取引先から乞われているのですが、より経営全体の一連の流れに関わるビジネスに就きたいという思いから、経営コンサルタントや組織コンサルティングの仕事に興味がわいてきたので、スカウトに応じることではなく、自分の将来をしっかり見つめて切り開く決意を持って現在活動中です。コンサルタントという立場を経験することは、産業全体を鳥瞰する事と、職業を切り口とした仕事の流れを客観的に見つめるいい機会となる事だと思うので、期待しております。
大手メーカーで育んできたいままでのキャリアは、新天地において活かせることは多いと考えております。今までに習得してきた**経営的な視点での感性や知識を発揮して、貴社でも活躍させていただきたく存じます。**

以上

ここがNG

① 「組織は守ってくれない、自らが変革していくしかない」など、文書が全体的に主観的で、しかも長々と書かれている。
② 仕事の評論が多く、言い訳まで入っている。
③ 熱意は伝わるかもしれないが、書類選考にあてる時間が一人当たり1分半〜2分半と考えると、全部は読んでもらえない。5枚は長すぎる。

職務経歴書の「最低限のルール」とは

内容以前の、通すために守るべきこと

■ 職務経歴書を良質のビジネス文書に

ここでは、おさらいの意味も含め印象のよい職務経歴書にするための項目を具体的に見てみましょう。

● 見やすい文書に

見出しをつける、行の頭をそろえるなど、パッと見てととのっているレイアウトにすることを心がけます。文字の大きさはパソコンの場合、**9〜10・5ポイント**で統一します。

● 簡潔に表現する

一読してわかるように、簡潔に書きましょう。基本的には**箇条書き**で、ワンセンテンスも短くします。

● キーワードをつくる

自分の伝えたい情報が、相手に伝わるような言葉になっているかどうか。ただ長いだけではなく、それを端的にいうと、どういう言葉になるのかを考えましょう。

● 基本的なルールを守る

日付、氏名、タイトル（職務経歴、自己PRなど）がきちんと記されているか、文書としての体裁に気をつけます。文書の最後に「以上」と記す、2枚以上になるときはページ番号をつけるなど、ビジネス文書としてのルールに従います。また、何度も使い回していると思われないよう、**日付は提出する日**にしましょう。

● ミスなく丁寧に

誤字・脱字、名称の間違い、年号のミスなど、書き誤らないよう丁寧に仕上げましょう。注意力が足りないと思われてしまいます。

職務経歴書作成のための6ポイント

■ 通る職務経歴書にするためのチェックリスト

体裁 CHECK ✓
- A4サイズで1〜2枚にまとめる □
- スカスカ文書になっていない □
- ぎっしり文書になっていない □

見やすいレイアウト CHECK ✓
- 見出し（タイトル）がある □
- 行の頭がそろっている □
- 文字の大きさが均一 □

簡潔な表現 CHECK ✓
- 文書をワンセンテンス1〜2行以内でまとめている □
- 誇大表現を使っていない □

キーワード CHECK ✓
- 募集内容にマッチした言葉が盛り込まれている □
- 文章が長くなっていない □

基本的なルール CHECK ✓
- 日付、氏名、タイトル、「以上」がきちんと書かれている □
- 日付は提出日にする □

ミスがない CHECK ✓
- 誤字・脱字、表記の不統一がない □
- 社名、プロジェクト名が正しい □
- 年号に間違いがない □

▶職務経歴書を書き終えたら、上記のポイントをチェックしながら読み返してみよう。項目ごとの決まりや実際の書き方、その他の**秘伝**はPART5を参考に！

PART 4　職務経歴書作成のコツ

Column 採用現場のホンネ

不採用理由を覚えていない担当者

エージェント経由の応募で、その採用が一段落した際、今後紹介する人材イメージを共有するため、求人企業の採用担当者と通過・不通過の理由を確認する場を設けることがあります。紹介した人の書類を見ながら、なぜ通過（不通過）にしたかのワケを聞くのですが、そのときに選考した本人が理由をすぐに思い出せないことがあります。書類を再度眺め**「あれ、なんでこの人を落としたんだっけ…」**ということが実際起こるのです。

書類選考も面接も、人間が判断する以上、絶対にブレない基準があるわけでなく、判断は流動的になりがちです。もちろん、選考の際は真剣にチェックするのですが、必ずしもそれが、普遍的なものとは限らないのです。直前に読んだ本から影響を受けるケースも考えられます。

ですから、このような確認の場で、もう一度書類から可能性を発掘し、採用側に提案して敗者復活戦のように面接に臨めることもあります。逆に、「半年前なら面接したけれど今は会わない」のように、そのときの募集意欲や求人背景によって判断が変わることもしばしば起こります。

つまり、**一度不採用となっても、再度応募すると、通過するチャンスが生まれることもあるのです**。募集条件から全く外れていては少々無理がありますが、「自分には相手が求めるキャリアがある」と思えるなら、再応募してみるのも手です。

ただその場合でも、不採用通知を受けてすぐに応募しても逆効果。再募集が始まったときに仕掛けるようにしましょう。一般的には一年を超えた場合なら再応募を検討してくれることは多いです。

PART 5
職務経歴書の書き方

書類選考通過のカギを握る職務経歴書。この
パートでは自分のアピールポイントを、実際の
「職歴」や「自己PR」などで印象的に伝える
ためのテクニックや秘伝を伝授！

もっともオーソドックスな編年体式

職務経歴書の基本フォーム例①

■ポイントを押さえ、わかりやすく

職務経歴書として、もっとも一般的なのが「編年体式」と呼ばれるフォーマットです。その名の通り、年ごとに時間の経過に合わせ職務経歴を記載していきます。

"いつからいつまで、何をしてきたか"がわかりやすく、あなたの職歴が時系列で追えるため、**業種を問わず用いられています。**

入社に始まり、研修、配属、異動、昇進などの節目をポイントとしながら、必要に応じて箇条書きにするなど、わかりやすく表現することを心がけましょう。

その間に携わった業務、収めた成果なども盛り込むようにします。特に数字でアピールできるものがあれば、積極的に記載します。

■キャリアの進展が読み取れる

編年体式は、それまでの会社でのあなたの仕事ぶりをプロセスとして見ることができ、**キャリアアップや能力の伸びを読み取りやすい特長**があります。その半面、それまでの職歴が並列されるため、特定のキャリアをアピールしにくいことも事実です。

さまざまな職種を経てきた人で、特に強調したい強みになるキャリアがある場合は、それを補足説明する項目を設けるのも一つの方法です。

また、全体に項目を羅列しただけになりがちなので、適切な項目立てと、それによる見やすさを意識したレイアウトにして、採用担当者に読む意欲を起こさせることも重要です。

採用側ももっとも見慣れたスタイル

■＜編年体式＞のフォーマット例

職務経歴書

20xx 年 xx 月 xx 日現在
氏名　□□ □□

【職務要約】
□□。

【職務経歴】
□20xx 年 xx 月～20xx 年 xx 月　○○○○株式会社
◆事業内容：□□□□□□□□□□□□□□□□□□□□□□□□□
◆資本金：○億円　従業員数：○名

期間	業務内容
20xx 年 xx 月 ～ 20xx 年 xx 月	東京本社　営業第一本部 【職務内容】□□□□□□□□□□ 【営業スタイル】□□□□□□□□□□ 【担当商品】□□□□□□□□□□ 【担当エリア】□□□□□□□□ 【業績】20xx 年：売上○○○百万円

【資格】
□□□□□□□□□□□□□□□□□□□□□□□□□□

【活かせる経験・知識・能力】
・□□□□□□□□□□□□□□□□□□□□
・□□□□□□□□□□□□□□□□□□□□
・□□□□□□□□□□□□□□□□□□□□

【自己PR】
□□。

以上

ポイント

●**キャッチフレーズを意識**
あなたの経歴を相手が理解しやすいフレーズに要約する。

●**5W1Hでわかりやすく**
期間で区切って何をやってきたかを箇条書きで書く。ポイントは5W1Hを意識すること。

●**収めた成果を盛り込む**
業務の詳細を書く際に達成できた結果などを数字を交えて盛り込むとよい。

●**特にアピールしたいことを補足する**
注目してほしい（アピールしたい）経験について、具体的なエピソードを交え補足する。

有効なケース	メリット	デメリット
オールマイティに使える 職種・業種は問わないが、キャリアの豊富な人、転職歴が多い人などには向かない。	**職歴がわかりやすい** 時系列に沿って書いていくため、職歴やキャリアアップの過程を採用側に伝えやすい。	**強みをピックアップできない** 時系列に沿っているため、キャリアの中の特定の職歴を引き立てたりするのには向いていない。

職務経歴書の基本フォーム例②

スペシャリストや経験豊富な人はキャリア式

■実務能力をアピールする

年代や勤務先、所属部署にかかわらず、あなたが携わってきた業務内容や分野ごとにまとめて書く方式が「**キャリア式**」です。"いつからいつまで"は重視せず、**あなたの職務達成能力に焦点をあてて記載します。**

強調する部分と、簡単に述べる部分でメリハリがつき、職種や能力、経歴を絞った形での募集に対してアピールしやすいのがメリットです。つまり、**あなたの実務能力や専門的なスキルを採用側へ、ストレートに訴えられる**のです。

技術職や専門職などスペシャリストの募集、またキャリアが幅広く、特に「この能力を強調したい」というケースに適しています。

■「○○ができる」と訴える

具体的には、まず「職歴」として、どの期間にどの会社・部署に所属していたかを簡略にまとめます。そこでの具体的な職務内容は必要ありません。次に「職務経歴」として、あなたが携わってきた**職務の内容を見出しにして示し**、その具体的な業務をポイントを絞って記述します。そして、その間の実績があれば、逐次、記載していきます。ここでは"どの会社で"ではなく"どんな職務を行ってきたのか"にポイントを置きます。

見出しは、アピール度の高いものから順に配置していくとよいでしょう。つまり、**求人内容ともっとも合致しやすいものから順に記載していく**ということです。

このキャリアをアピールしたい

■＜キャリア式＞のフォーマット例

```
職 務 経 歴 書
                                           20xx年xx月xx日
                                           氏名  □□ □□
【職務要約】
□□□□□□□□□□□□□□□□□□□□□□□□□□□□□□□
□□□□□□□□□□□。
【職務経歴】
20xx年xx月～20xx年xx月  株式会社○○テック  営業（1年）
20xx年xx月～20xx年xx月  株式会社○○電器    販売（1年）
20xx年xx月～現在       株式会社○○食品    営業（2年）
【営業職としての経験】
□株式会社○○食品
◆事業内容：海産物 乾物の商社  ◆資本金：○億円 従業員数：○名
| 業務内容 |
| --- |
営業第一課
【職務内容】□□□□□□□□□□□□□□□□□□□□□□□□
【取引顧客】□□□□□□□□□□□□□□□□□□□□□□□□
【実績】  □□□□□□□□□□□□□□□□□□□□□□□□

□株式会社○○テック
◆事業内容：電子部品の製造・販売  ◆資本金：○億円 従業員数：○名
| 業務内容 |
東京本社・営業二課
【職務内容】□□□□□□□□□□□□□□□□□□□□□□□□
【取引顧客】□□□□□□□□□□□□□□□□□□□□□□□□
【実績】  □□□□□□□□□□□□□□□□□□□□□□□□
【その他の経験職種】
□株式会社○○電器 配属：○○電器 秋葉原支店 職務内容：店頭にて家電製品の販売
【活かせる経験・知識・能力】
・□□□□□□□□□□□□□□□□□□□□□□
・□□□□□□□□□□□□□□□□□□□□□□
【自己ＰＲ】
□□□□□□□□□□□□□□□□□□□□□□□□□□□□□□
□□□□□□□□□□□□□□□□□□□□□□□□□□□□□□
□□□□□□□□□□□□□□□□□□□□□□□。
                                              以上
                        1/1
```

ポイント

- ●**アピールしたいものの内容にする**
  まず、冒頭で一番アピールしたい職歴を中心に要約する。

- ●**職種別に経験年数を明記**
  どの職種に何年の経験を持つかがわかるように経験年数を記入する。

- ●**伝えたい順に記載**
  アピールしたいキャリアから並べ、募集職種に関係のないものはその他としてまとめる。

- ●**不要な職歴は圧縮**
  応募職種に合った職歴の欄を多く取り、関係のない職歴は圧縮して見せることができる。

有効なケース	メリット	デメリット
キャリアが豊富 転職回数が多い	伝えたいキャリアを強調 転職回数が多い場合などは、伝えたい職歴からアピールでき、他の職歴に埋もれてしまうことを防げる。	経歴が伝えにくい むやみに職務経歴の欄の順番を組み替えると採用側が職歴を勘違いしてしまいやすい。

自己PRで勝負するチャレンジ式

職務経歴書の基本フォーム例③

■ 合理的でストレートな書式

自己PRを前面に打ち出す書式

まず「希望職種」を一番上に記載し、その職務を遂行できる自分をアピールしていきます。つまり、その職種に活かせる自分の経験・知識・能力を中心に述べていくわけです。「○○を希望します。なぜなら○○の経験・能力があるからです」というスタイルです。合理的なうえにストレートで、外資系の採用担当者にも受けがいいようです。欧米風の直接的アプローチ型書式ともいえるでしょう。

しかし、どうしても「自分を売り込む」感じになるため、**保守的な業界や企業には、敬遠される危険性もあります**。

■ 自分の売り込みは抑えめに

この書式が向いているのは、①「この職種につきたい」という強い希望がある、②未経験の業種・職種にチャレンジしたい、③職歴より応募に対する意欲を見てほしい、などの場合です。つまり、「経験はないが、ぜひその仕事をしたい」という人には有効な書式といえます。

書式そのものにもそうした意味が込められているので、**自己PR欄での過大な自己評価は抑えましょう**。過剰な表現をしたり、自分の長所を書き連ねたりすると、ただの"勘違い"と取られてしまいます。努めて抑制した表現で、第三者的な観点を含みながら、アピールすることを心がけましょう。

チャレンジ精神をアピール

■＜チャレンジ式＞のフォーム例

```
                    職 務 経 歴 書
                                        20xx年xx月xx日現在
                                        氏名 □□ □□

【希望職種】
営業職を希望します。

【活かせる経験・知識・能力】
・□□□□□□□□□□□□□□□□
・□□□□□□□□□□□□□□□□
・□□□□□□□□□□□□□□□□
・□□□□□□□□□□□□□□□□

【自己PR】
□□□□□□□□□□□□□□□□□□□□□□□
□□□□□□□□□□□□□□□□□□□□□□□
□□□□□□□□□□□□□□□□□□□□□□□
□□□□□□□□□□□□□□□□□□□□□□□
□□□□□□□□□□□□□□□□□□□。

【職務経歴】
□20xx年xx月～現在　○○ジャパン株式会社
◆事業内容：紳士服・婦人服及び雑貨等の企画・製造・販売
◆資本金：○億円　従業員数：○名

| 期間 | 業務内容 |
|---|---|
| 20xx年xx月<br>～<br>20xx年xx月 | ○○店<br>【職務内容】□□□□□□□□□□□□□□□□□<br>【実績】□□□□□□□□□□□□□□□□□□□ |
| 20xx年xx月<br>～<br>20xx年xx月 | □□店／店長職<br>【職務内容】□□□□□□□□□□□□□□□□□<br>【実績】□□□□□□□□□□□□□□□□□□□ |

                                                以上
                          1/1
```

ポイント

● **希望から伝える**
まず希望職種を明確に伝え、次にその職種で活かせること（接点）を伝える。

● **持ち運びできるスキルを中心に**
異業種への転職でスキルをアピールする場合は、持ち運びできるスキル（74ページ参照）を中心に記載する。

● **「思い」も込める**
まったくの未経験の場合は、仕事に対する姿勢や強い気持ちも含めながらアピールしていこう。

● **なるべくシンプルに**
経験職種がそれほど重要視されないので、簡潔な文章で、シンプルにまとめる。

有効なケース	メリット	デメリット
異業種へのチャレンジ 未経験からの応募 外資系企業	**意欲を論理的に伝えられる** やりたいこと（希望職種）→できること（接点）→思い（自己PR）の順で、応募の意欲を論理的に伝えることができる。	**主張が鼻につく場合がある** 保守的な業界や伝統を重んじるような企業には敬遠される危険性がある。

「職務要約」は自分のキャッチフレーズ

必ず書く項目① 希望職種・職務要約の書き方

■「希望職種」を冒頭に書く場合

職務経歴書は、基本的に「職務経歴」「活かせる経験・知識・能力」「自己PR」を盛り込むものですが、希望があるときは**希望職種**を書くこともあります。

書く位置は、収まりが悪くならないよう職務経歴書の冒頭部分(一番上)でいいでしょう。まず何がやりたいかを伝えておくと相手も内容を把握しやすくなります。

希望職種は、求人内容に載っている「職種名」「役職名」などを、そのまま記載します。職種名が違っていると、注意力不足と思われてしまうばかりか、間違った応募と判断されかねません。**求人広告や求人誌などをきちんと見直し、合わせて書くようにしてください。**

■キャリアの豊富な人は「職務要約」を

また、職歴の長い人には**「職務要約」**として、過去の職歴をダイジェストした内容を記載することをお勧めします。

職務経歴や職務内容をずらずらと並べると、応募者がどんな経歴の人なのか、具体的なイメージがつかみにくいものです。目安として**100文字程度にすっきりまとめる**とよいでしょう。

「どんな業界の何という会社で」「どのような業務を」「どのくらいの期間」行ってきたのかを、一読してすぐわかるよう整理します。職歴の中での「実績」は通常、後の職務経歴に記載しますが、特にアピールしたい場合は、ここに盛り込んでもかまいません。

100文字で職歴のあらすじを書く

■＜職務要約＞のOK例

営業職の例

> 国内自動車メーカーの販売会社にて、個人顧客に対する新車販売業務の経験を有しております。乗り換え需要の漏れのない取り込みと、顧客紹介や催事開催などによる新規顧客の開拓を中心に手がけてまいりました。

▶どのような営業スタイルかがわかるように、また、「新規顧客の開拓」といった相手の心に刺さるキーワードを盛り込む。

事務職の例

> ○年○か月の間、経理業務一筋に携わってまいりました。経理全般の実務以外にも、システム導入による業務効率改善への取り組みや係長としてのメンバーマネジメントの経験も有しております。

▶事務系の仕事はやり遂げる能力と継続の能力が求められる。「経理業務一筋」のような継続性を感じさせるワードは○。

技術職の例

> ソフトウエアのプログラム作成を○年○か月経験し、システム開発工程の全体像を把握できるようになりました。現在はサブシステムですが、プロジェクトリーダーとしてメンバーマネジメントやリスク管理も手がけております。

▶技術職の場合は専門性が重要。熟練度を伝えるためにも経験年数などの数字を入れるとよい。メンバーマネジメントなどの記述があればなお可。

クリエイティブ職の例

> 大手企業の大規模販促やキャンペーンサイトの画面構成、UI設計、デザイン、HTMLの作成まで一連のプロセスを経験し、WEBユーザビリティに関する知識を豊富に有しております。

▶クリエイティブ職は技術職と同じく専門性が強い。そのため知識や能力を伝えるようなワードがいかに盛り込まれているかが重要。

必ず書く項目②　職務経歴の書き方

「職務経歴」で採用側に興味を持たせる

■具体的にイメージできるように！

職務経歴書のメインとなるのが「職務経歴」の欄です。ここでは表組みを使いながら、**職歴の中のポイントが採用側に伝わりやすいよう工夫します。具体的には職務内容、担当顧客、実績・成果などの項目を立てます。**営業職の場合は担当エリアや営業方法などの項目を立てるとより効果的になります。

また、仕事を通じて達成した業績など、業務のうえで会社に貢献したことがあれば、積極的にアピールします。この場合、抽象的な言葉ではなく、**できるだけ数値化**して表現していくと説得力が増します。

会社の規模を伝える資本金や従業員数などは、基本的に入れておきます。

■表組みも効果的

職務経歴では、**長い文章は禁物。なるべく箇条書き**にすることを心がけます。「○○を担当した」を「○○を担当」と体言止めにするのも効果的です。

過去の勤務先が3社以上になる場合は、表組みにすると見やすくなります。期間と担当業務で組むだけでなく、必要に応じて「担当プロジェクト」「対象エリア・対象顧客」などの項目を立てれば、一目でわかりやすいフォームにできます。

とはいえ、表を一からオリジナルで作るのも大変なので、本書収録のさまざまな例や、ウェブ上の書式例などを参考にしながら、作成するのもいいでしょう。

履歴書の職歴欄よりも踏み込んだ内容に！

■＜職務経歴＞のOK例

1社経験の場合

期間	業務内容
20xx年xx月 〜 20xx年xx月	東京本社　営業第一本部/新人研修 【新人研修】・ビジネスマナー 　　　　　　・業界の知識習得（営業としての基本行動および保険に関する知識を習得） 教育担当リーダー　以下グループメンバー10名
20xx年xx月 〜 20xx年xx月	東京本社　汐留営業所/新車・中古車・部品・用品・保険の営業 【営業スタイル】反響・訪問・顧客紹介を中心とした新規開拓中心 【取引顧客】東京都港区を中心とした個人および法人顧客 【実績】新規顧客目標50世帯に対して、65世帯獲得 新車販売：月間目標5台　平均目標達成率108% 保険販売：新車購入時には100%ご加入いただいた 課長以下グループメンバー10名

3社経験の場合

期間	業務内容
20xx年xx月 〜 20xx年xx月	株式会社○○電器　事業内容：家電製品の販売　　○○店（契約社員） 【職務内容】テレビ・DVD・売り場・健康関連商品売り場での対面販売 【実績】販売キャンペーン（新規販促商品）　3位（50店舗中） 店舗全体で5名
20xx年xx月 〜 20xx年xx月	株式会社○○商事　事業内容：海産物の卸売　　○○営業所 【職務内容】乾物・わかめ・昆布ほか、海産物のルートセールス 【担当顧客】茨城／栃木／群馬エリア　担当顧客数120 【営業方法】既存顧客8割／新規開拓2割 【実績】前年比　105% 調理方法とセットで売り込む重点強化商品の提案営業に注力　キャンペーン　社内3位 営業所員は所長を含め30名
20xx年xx月 〜 20xx年xx月	株式会社ワークス○○　事業内容：自動車部品および用品の卸売　　営業第一課 【職務内容】自動車部品全般およびカーアクセサリーのルートセールス 【担当顧客】関東全域の中古車販売会社　自動車ディーラー　担当顧客数200 【営業方法】既存顧客9割／新規開拓1割 【実績】6か月連続予算達成　前年度比108% 顧客による紹介実績30件（課内トップ） 営業本部全体50名

- 箇条書きにする　ビジネス文書の基本。体言止めで歯切れをよくするのも効果的。
- 数字を入れる　規模や実績などは客観性が出てより仕事のイメージがつきやすくなる。
- 項目を立てる　表組みの中の、何についての記述かすぐにわかる。
- 職歴が多い場合はまとめる　見やすいよう、一つの表に経験職種をーまとめにするのもよい。

✎ 5W1Hや数字を駆使し、イメージしやすい職務経歴にしよう

▶職務経歴をわかりやすく伝えるには、5W1Hを意識して書く必要がある（70ページ参照）。また、より具体性を出すには、販売件数、売上実績などの数字を使うことが有効。経験が浅く、実績などの数字が書けない場合は「既存顧客8割／新規開拓2割」などと、具体的に行動を数字にしてみるのもよい。

応募先と自分の「接点」をアピール

必ず書く項目③ 活かせる経験・知識・能力

■ 必要なキャリアやスキルを見定める

これまでの仕事で得てきた経験・知識・能力を箇条書きで記していきます。その際のポイントは、**応募した職種と密接に関連する項目を上から順番に並べる**ことです。

採用担当者の頭にはかなり絞り込んだニーズがあり、必要なキャリアやスキルを持っているか見抜こうとします。そのため表現は、漠然とさせず、具体的にイメージできる言葉で伝えるのです。

たとえば「広範なプログラムの開発能力」ではなく、「官公庁や大企業を顧客としたプログラム開発業務の推進能力」のように、**求人側のニーズをくみ取った表現**にすると、引っかかる確率も高まりアピール度は増します。

■ 希望職種の仕事をイメージする

職歴以外でも、希望職種への適性や能力をアピールできるものは積極的に盛り込んできましょう。自発的に受けた専門教育やセミナー受講で得た知識・能力もあなたのスキルを強調する武器になります。

キャリアの浅い人は、新人研修や業務研修など勤務先で受けた教育・訓練などもアピールできる要素です。また、あなたが得た社内的な資格、退職によって抹消されてしまった業界資格などを盛り込んでもかまいません。

そこで**要求される経験や能力を具体的にイメージ**し、**自分の経験、能力と照らし合わせながら項目立てする**ことをお勧めします。

企業研究のうえ接点を盛り込む

■＜活かせる経験・知識・能力＞のOK例

営業 ➡ 営業の場合

【活かせる経験・知識・能力】
・高額所得層に対していつでも時間をとっていただける顧客関係作りが得意
・アフターフォローに自信があります。顧客紹介数部内トップ
・パワーポイントによる資料作成およびプレゼンテーションスキル
・展示会やイベント催事の企画運営
・直行直帰型の営業での自己管理能力
・新規開拓で鍛えたバイタリティと度胸（キャンペーン1位 7件/3か月）
・目標に対する執着力（販売目標8か月連続達成）

▶同業の場合、大切なのは何ができるかの具体性。数字を入れることで説得力が格段と上がる。

エンジニア ➡ コンサルティングの場合

【活かせる経験・知識・能力】
・お客様の状況から的確に課題を把握するヒアリング能力
・経営層との意見交換を通して鍛えた度胸とビジネスマナー
・官公庁との打ち合わせなどを通して鍛えたドキュメントやプレゼンテーション資料の作成スキル
・人事給与関連の業務知識

▶経験職種から応募先の職種に活かせるスキルをアピールしよう。自分の得意分野を明記し、アピールするのもよい。

スタイリスト ➡ 営業の場合

【活かせる経験・知識・能力】
・雑談の中からお客様のご要望を汲み取り提案することができます。
・お客様の様子から嗜好を読み取り、そのお客様にとっていちばん心地よい対話ができます。
・芸能やスポーツから時事ニュースまでいつも情報を集め、退屈させない話題作りができます。

▶日ごろの働きをじっくりと思い返し、ささいなことでも活かせそうな知識や能力、取り組みがないか探してみる。

最後に「自己PR」で決める

必ず書く項目④ 自己PRの書き方

■ 前向きにアプローチする

職歴や経験を総合したうえで、自分がその希望職種や求人内容に適しているということをアピールする項目です。とはいえ、職務経歴書に変わりはないので、仕事に関連する事柄に絞って書くようにします。自分の性格や長所などは、補足的なものと考えましょう。

また、**新しい職場で自分がどういう仕事をしたいのか、会社にどう貢献できるのか**、という前向きなアプローチも好感を持たれます。

自分が「いかに仕事ができる人間か」を書こうとすると、文章が抽象的で長くなりがちです。読み返して、抽象的と感じた箇所には、エピソードや数字を盛り込んで、具体的な内容にするよう心がけましょう。

■ ハンデをカバーするコメントもあり

「キャリアが浅い」「転職回数が多い」「職歴にブランクがある」などの場合は、それに対する自分なりのコメントをつけるようにします。

このように**面接の場で明らかに聞かれそうな事柄があるときは、それを先取りする形で書いておく**ことをお勧めします。

自己PRは、積極的に"思い"を伝える項目でもあります。無理して背伸びをする必要はありませんが、素直に、その仕事についた思いが書かれていると好印象です。

一般事務など専門スキルを必要とされる職種の場合でも、周りから見た自分の人柄や態度などが添えられていると、案外、採用担当者の目にとまるものです。

自己PRに“思い”を託す

■＜自己PR＞の役割

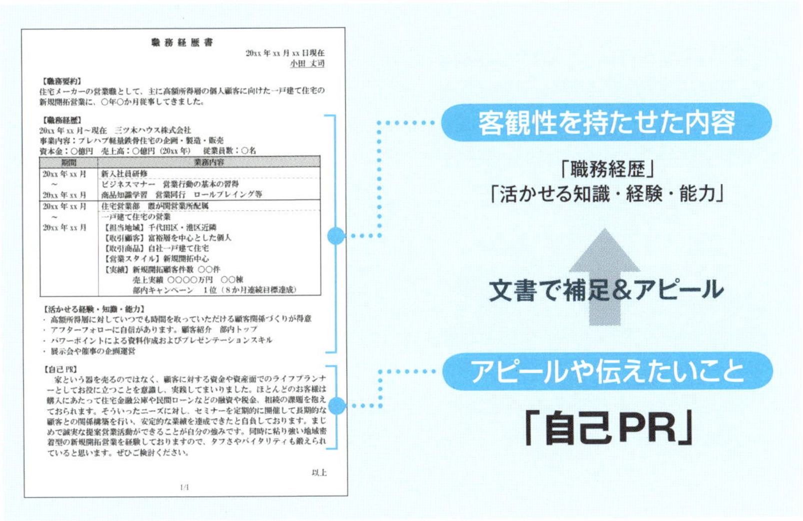

職務経歴書

20xx 年 xx 月 xx 日現在
小田 丈司

【職務要約】
住宅メーカーの営業職として、主に高額所得層の個人顧客に向けた一戸建て住宅の新規開拓営業に、○年○か月従事してきました。

【職務経歴】
20xx 年 xx 月～現在　三ツ木ハウス株式会社
事業内容：プレハブ軽量鉄骨住宅の企画・製造・販売
資本金：○億円　売上高：○億円（20xx 年）　従業員数：○名

期間	業務内容
20xx 年 xx 月 ～ 20xx 年 xx 月	新入社員研修 ビジネスマナー　営業行動の基本の習得 商品知識学習　営業同行　ロールプレイング等
20xx 年 xx 月 ～ 20xx 年 xx 月	住宅営業部　霞が関営業所配属 一戸建て住宅の営業 【担当地域】千代田区・港区近隣 【取引顧客】富裕層を中心とした個人 【取引商品】自社一戸建て住宅 【営業スタイル】新規開拓中心 【実績】新規開拓顧客件数 ○○件 売上実績 ○○○○万円　○○棟 部内キャンペーン　1位（8か月連続目標達成）

【活かせる経験・知識・能力】
・高額所得層に対していつでも時間を取っていただける顧客関係づくりが得意
・アフターフォローに自信があります。顧客紹介　部内トップ
・パワーポイントによる資料作成およびプレゼンテーションスキル
・展示会や催事の企画運営

【自己 PR】
　家という器を売るのではなく、顧客に対する資金や資産面でのライフプランナーとしてお役に立つことを意識し、実践してまいりました。ほとんどのお客様は購入にあたって住宅金融公庫や民間ローンなどの融資や税金、相続の課題を抱えておられます。そういったニーズに対し、セミナーを定期的に開催して長期的な顧客との関係構築を行い、安定的な業績を達成できたと自負しております。まじめで誠実な提案営業活動ができることが自分の強みです。同時に粘り強い地域密着型の新規開拓営業を経験しておりますので、タフさやバイタリティも鍛えられていると思います。ぜひご検討ください。

以上

1/1

■ 自己 PR で伝える 3 つの“思い”

✎仕事に対する自分の思い

▶客観的な事実では伝えきれない「仕事に対する姿勢や考え方」など、あなたの職歴にプラスになることで、ぜひ聞いてもらいたいという思い（願い）を伝えよう。客観的な事実に加え、思いが入ることで、職務経歴書全体のバランスがとれるようにもなる。

✎未来への思い

▶「職務経歴」「活かせる知識･経験･能力」で、伝えたことを、応募先の会社では「どのように活かし、何を実現していきたいか」というメッセージを伝える。自分がこれからやりたいこと（思い）や意欲をあらかじめ知ってもらうのも有効なアピールになる。

✎お願いの気持ち（思い）

▶チャレンジ度の高い応募の場合は「お願いします」という思いを伝える。「実務経験がないのは重々承知ですが、○○の経験を活かし、早期に戦力になれるよう頑張りますので“お願いします”」というように、謙虚にアピールしてみよう。

ケース別：自己PR例

■ 自己PRのOK例

同業種への応募1（営業：個人営業→法人営業のケース）

> ①これまで営業一筋で、キャリアを積んできました。今回、現職で業績不振による希望退職を実施する計画が発表されたことを機に、再度将来を考えて転職を決意いたしました。
>
> 　派手さはありませんが、担当したお客様の立場で販促方法を提案することを意識した営業を心がけ、②お客様との長期的な関係構築力を身につけてまいりました。その結果、お客様からのご紹介も多く、前職の3年間では、約30件の新規のお客様をご紹介いただきました。粘り強く誠実にお客様に向き合っていく営業姿勢には自信があり、御社でも活かせると考えておりますので、よろしくお願いいたします。

▶①やむをえない事情がある場合だけ、退職理由に触れる。
　②営業職で求められる能力として「お客様との長期的な関係構築力」のアピールは〇。

同業種への応募2（エンジニア）

> ①官公庁のプロジェクトに参加し、ドキュメントを残しながら、粘り強く交渉ごとを進めるうえで、言語化能力と交渉調整能力を身につけることができました。顧客の要望に対しては、顧客の置かれている状況までを把握しようと心がけ、現場の人たちとの対話を大切にしてきました。
>
> 　また、たえず「なぜ」を意識し、案件の「完成イメージ」を描きながら、わからないことはイメージできるまで「とにかく聞く」「調べる」ということを実践してきました。大規模案件の上流での開発経験はまだ不充分ですが、②システム開発の一連の流れは把握しております。これからは、より大きな規模の案件を自分で取りまとめることができるような仕事を熱望しております。

▶①技術的なスキル以外に、ビジネス感覚を伝える内容は、他の応募者と差をつけるためにも盛り込みたいところ。
　②取り組みや姿勢、能力、専門知識やスキルとともに、上流工程への熱意（思い）を伝えるのもよい。

異業種へのチャレンジ応募

> 　人事のシステム開発プロジェクトでは、スピード感を求められる開発環境のうえ、人事業務の知識がない状態からのスタートで、①お客様に教わりながらプロジェクトを進めることを意識してきました。必要な項目をそのまま聞くのではなく、自分で調べたことを確認するようぶつかっていったことで、短期間で業務知識を身につけることができました。制度や組織作りについての知識を学ぶうちに、組織そのものに関わる仕事に興味を強く持つようになり、この度貴社の募集にチャレンジすることを決意いたしました。
> 　経験分野は異なりますが、②経験職種で培った、短期間で知識を習得する集中力と顧客との折衝能力には自信があります。ぜひご検討ください。

▶①経験がない中で、どのように動いてきたかのエピソードは、異業種の場合効果的！
　②自分の経験の中から、応募先企業でも活かせるような持ち運びできるスキルをアピールするとよい。

ブランクからのチャレンジ応募

> 　①スタイリストを目指しておりましたが、椎間板ヘルニアを患い、中腰で長時間働くことが困難になったため、将来を見直し転職活動中です。スタイリスト経験で培った、自然な対話の中からお客様のニーズを引き出し、カタチにしていく技術は、ドクターとの対話の場面でも活かせると思っております。
> 　②いま、通信講座でロジカルプレゼンテーションの勉強中です。再スタートからのチャレンジなので、厳しい環境であることは承知しております。何事にも全力で集中し、ブランクを一刻も早く埋めるべくがんばりますので、どうぞよろしくお願いいたします。

▶①ブランクについての説明は、必ず行っておいたほうがよい。
　②あなたの本気度を伝えるためにも、転職のために取り組んでいることや勉強していることがあれば、ぜひ盛り込みたいところ。

採用側より　募集要件にそのまま答えた文章はNG

たとえば募集要項の「コミュニケーション力のある人」「熱意を持った人」に対して、「コミュニケーション能力には自信があります」「熱意だけは誰にも負けません」は誰でも書けること。コミュニケーション力や熱意が、応募する職種のどんな場面で求められるのかを考え、一歩踏み込んだ答えが書かれていると、会ってみたくなります。

「学んだ」「知っている」は「やってきた」「できる」に

会いたくなる秘伝① "アピール度が高い表現" に変える

■ 求めるのは「何ができるか」

職務経歴書は、面接に進むための重要なツールです。したがって、採用担当者に "会ってみたい" と思わせることが何よりも大切です。

"秘伝" というと、いささかおおげさですが、職務経歴書をさらに魅力的にするポイントをいくつか挙げていきましょう。

「**学んだ**」や「**知っている**」という言葉は、たとえ事実であっても、今一つ採用担当者に響かない表現で、アピールの文句にしては物足りません。

というのも採用担当者は、「○○を学んだ」→仕事の場で何ができるのか、「○○を知っている」→その知識を仕事にどう活かせるのか、という視点で応募書類を見ているからです。

■ 漠然とした言葉は分解してみる

では「どう書けばよいか」ですが、それには**自分の経歴・経験をいったん分解してみる**ことです。

たとえば、販売の経験を持つ人が営業職に応募する場合に使いがちな「コミュニケーション能力を学んだ」の表現を採用担当者に響くようにするには、どんな顧客を相手に、どのような対話をしながら仕事をしてきたのか、その動きが第三者にも見えるよう**5W1H**で分解するのです。

すると、「名前で呼ばれる関係作りを実践してきた」や「エグゼクティブな顧客への対応ができる」など、「**やってきた**」「**できる**」という "**響く**" 表現が見えてくるはずです。

働きぶりをイメージできる言葉に変換

■ 具体性を持たせたワードとは

◆「学んだ」ばかりでは行動が見えない

▶「学んだ」「知識があります」ばかりでは、その人の知識レベルはわかるかもしれないが、具体的な動きは見えない。募集職種に合致しそうな表現を意識しながら自分の職歴を5W1Hで分解し、より具体的な表現になるよう変換してみよう。

✗		○
お客様とのコミュニケーション能力を学びました。	変換 →	エグゼクティブなお客様から、ご要望を引き出し、ご満足してお帰りいただくだけの言葉遣いや対話の**コツをつかんでおります。**
チームとしての協調性の大切さを学びました。	変換 →	チームとして円滑に仕事を進めるために、個々の連携を第一に考え**毎週ミーティングを行い**、常に社内でトップクラスの**成績を残してきました。**
システム開発全般に関する知識があります。	変換 →	要件定義から実装、テストまで、システム開発の**一連の流れをすべて経験しており**、それぞれの立場でベストな選択は何かを**考えることができます。**
柔軟性と対応力を学びました。	変換 →	派遣社員としてさまざまな職場を経験することで、いち早く求められる結果が出せるよう、短期間で集中して業務内容を覚えることが**得意となりました。**

「思い」「行動」を見える表現へ変換

会いたくなる秘伝② 思いや行動を〝可視化〟させる

■ 数字はアピール度が高い

当たり前のことですが、採用担当者は、あなたが仕事をしている姿を見たことはありません。職務経歴書は通常、文字だけの書類なので、あなたの職歴・能力をできるだけ〝見える〟ように表現したほうが有利です。これを「可視化する」といいます。

そのためのポイントの一つが**数字**です。主観的な思いにあまり具体性はありませんが、数字は客観的なものなので、採用担当者にストレートに届きます。

顧客数や売上、収めた成果など**数値で表されていれば説得力が高まります**。さらに、営業コンテストや報奨について、具体的に書き加えられれば優位さが増します。

■ 他人に評価してもらう

キャリアが浅く、書くほどのことがなくて悩む場合は、自己PRなどで**自分のキャラクターが見えるよう工夫しましょう**。採用側は、職歴の浅い人なら、どんなキャラクターを持っているかに着目します。あなたの仕事に向かう姿勢を可視化した表現を心がけます。

また〝見える〟ようにするのも一つの方法です。**他人に自分を評価してもらうのも一つの方法**です。前職で同僚だった人などに、仕事をしている自分の姿が周りの人の目にどう映っていたか聞けば、思わぬヒントが得られるかもしれません。できるだけ**動きが見える表現にすることは、他の応募者に差をつける**ことにもつながるのです。

可視化して具体的な行動を見せる

■ 可視化する手順

✎「思い・行動」→「目標」→「数字・できる」の順で可視化してみる

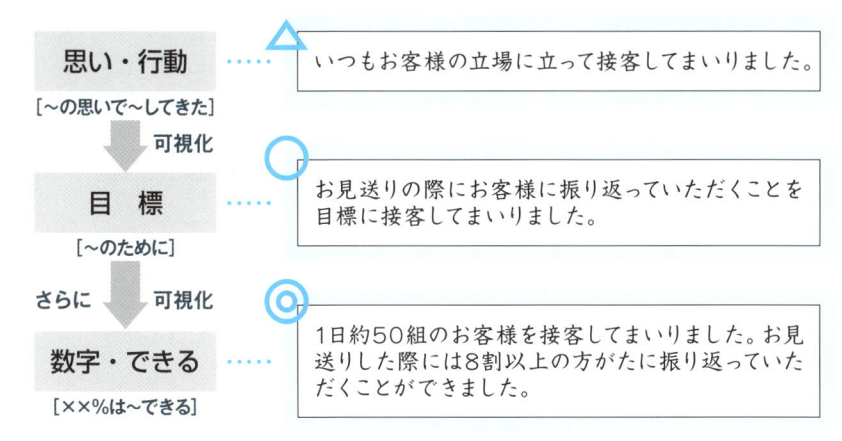

思い・行動 [～の思いで～してきた]
△ いつもお客様の立場に立って接客してまいりました。

↓ 可視化

目　標 [～のために]
○ お見送りの際にお客様に振り返っていただくことを目標に接客してまいりました。

さらに ↓ 可視化

数字・できる [××％は～できる]
◎ 1日約50組のお客様を接客してまいりました。お見送りした際には8割以上の方がたに振り返っていただくことができました。

▶上記の3パターンで、会ってみたい人は誰かを考えてみよう。行動や思いを可視化するうちに会いたくなる要素が盛り込まれていくのがわかるはず。

✎ 数字にしにくい仕事を可視化する場合

[経理／社内サービス部門の例]

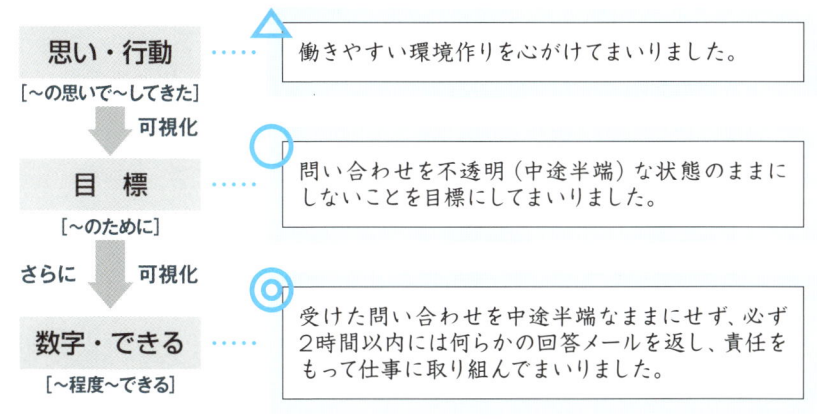

思い・行動 [～の思いで～してきた]
△ 働きやすい環境作りを心がけてまいりました。

↓ 可視化

目　標 [～のために]
○ 問い合わせを不透明（中途半端）な状態のままにしないことを目標にしてまいりました。

さらに ↓ 可視化

数字・できる [～程度～できる]
◎ 受けた問い合わせを中途半端なままにせず、必ず2時間以内には何らかの回答メールを返し、責任をもって仕事に取り組んでまいりました。

▶業務内容が数字に表しにくくても、上記の手順で自分の行動をつぶさに思い出し、可視化してみよう。

会いたくなる秘伝③ 過去より未来を感じさせる

「未来」を感じ取れるストーリーにする

■FACT／CAN／WILL

職務経歴書には"○○をやってきた"と過去を形にして書き記しますが、ここに未来を感じさせるベクトルを持ち込むのも有効です。

つまり「○○をやってきた」→「○○ができるようになった」→「そのうえで○○がやりたい」という具合に、過去から未来への一連のストーリーに仕立てれば、読む側への強いアピールになります。

「やりたい」という意欲だけでも「やってきた」という過去だけでもなく、**それら二つがつながって感じられる工夫**を凝らしてみましょう。

「**FACT**（職務経歴・過去）」から「**CAN**（できること・能力）」を抽出し、そこから「**WILL**（未来・意思）」へという流れを作るのです。

■光る職務経歴書の流れとは

これが、実は**職務経歴書の項目立てとイコールになっている**のです。つまり「職務経歴」でこれまでの経験・実績（＝FACT）を書き表し、そこから「活かせる経験・知識・能力（＝CAN）」を導き出し、そして「自己PR」で今後の職務に対する意思・未来図（＝WILL）をアピールしているのが職務経歴書なのです。**これを意識するのとしないのとでは、大きく違ってきます。**

自分は、これまでどんな仕事を行ってきて、どれほどの経験や能力を得て、それを次の仕事でどう活かそうとしているのかということを客観的に考えることは、職務経歴書作成のうえで非常に重要な視点なのです。

過去と未来がある職務経歴書は最強！

■ FACT → CAN → WILL の流れを作る

あなたの未来までを含めてアピールしてみよう

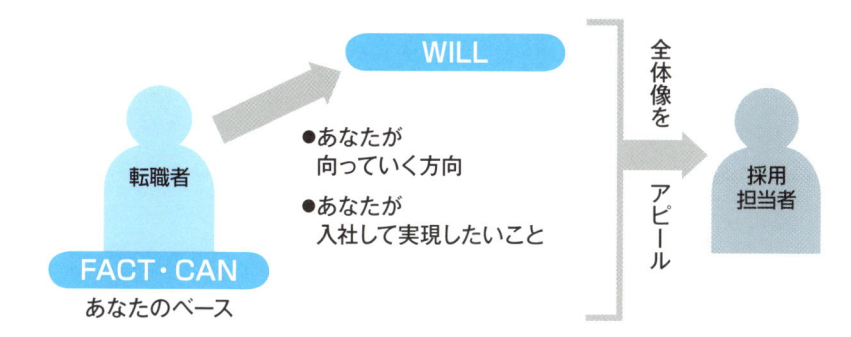

転職者
FACT・CAN
あなたのベース

WILL
- あなたが向っていく方向
- あなたが入社して実現したいこと

全体像をアピール

採用担当者

▶職務経歴書で「やってきた（FACT）」「できる（CAN）」だけを伝えるのはもったいない。そこにプラスのエッセンスとして「未来（WILL）」を持ち込んでみよう。「～を経験し、～ができる私は、御社で～したい」のように「FACT」「CAN」「WILL」であなたの全体像を伝えることで、採用担当者により強くメッセージを届けられる。

職務経歴書を一連のストーリーとして考えてみる

過去 → 未来

FACT 「職務経歴」

CAN 「活かせる経験・知識・能力」

WILL 「自己PR」

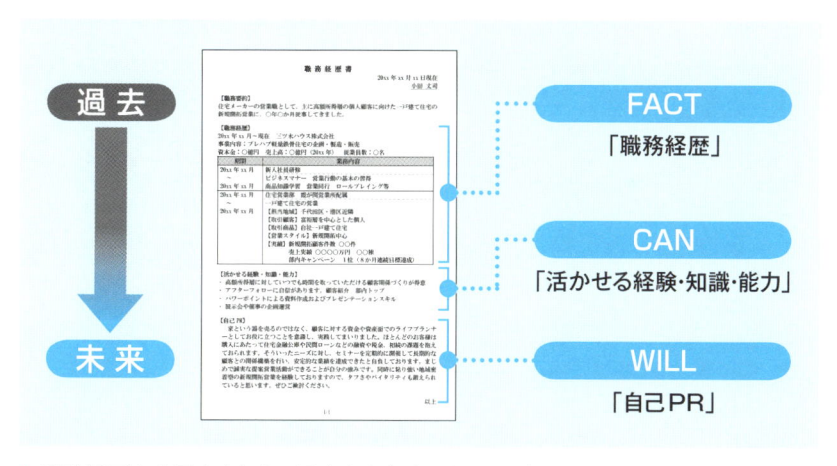

▶職務経歴書を見直すとき、過去から未来へとつながる一連のストーリーがそこに表現されているかを意識して読み返してみる。そこに「FACT」「CAN」「WILL」が論理的に表れていればいるほど、採用担当者の印象はよくなる。

会いたくなる秘伝④　対照となる二つの観点を整理する

「主観」と「客観」がアピール度を強める！

■ 自分を客観視できる能力

職務経歴書の自己PR欄でよく見かけるのが、**主観と客観が整理されていない文章**です。

職務経歴書で重要な要素の一つは、自分の職務経歴や能力を正確に読み手に伝えることです。そのためには、ある程度、自分を客観視できていなければなりません。

自分を客観的に見ることができる能力は、仕事をするうえでも重要な力となります。言行が、あまりにもかけ離れている人は人間としても信用されません。また、「自分はこんなにも知識があり」「こういう仕事は誰にも負けません」などと自己主張ばかりを強調するのは、著しく主観的な人物として敬遠されがちで、単なる〝勘違い〟とも判断されかねません。

■ 客観視が難しいと感じたら

ではどうすればよいかですが、経験を客観視するには、17ページで紹介した「**知識・経験**」→「**行動**」→「**結果**」のサイクルを使いましょう。

「○○の知識や経験をもとに」「○○を実行して」「○○の結果が出た」──自分の職歴を振り返ってみると、このサイクルができていることでしょう。

また主観的な文章も、このサイクルに当てはめることでおのずと整理がつき、客観視できるようになるはずです。

その記述が、単なる主観的なものなのか客観的なものなのかを明確に判断し、**独りよがりではない、バランスのとれた記述**を心がけましょう。

主観的な文章はサイクルがつながらない

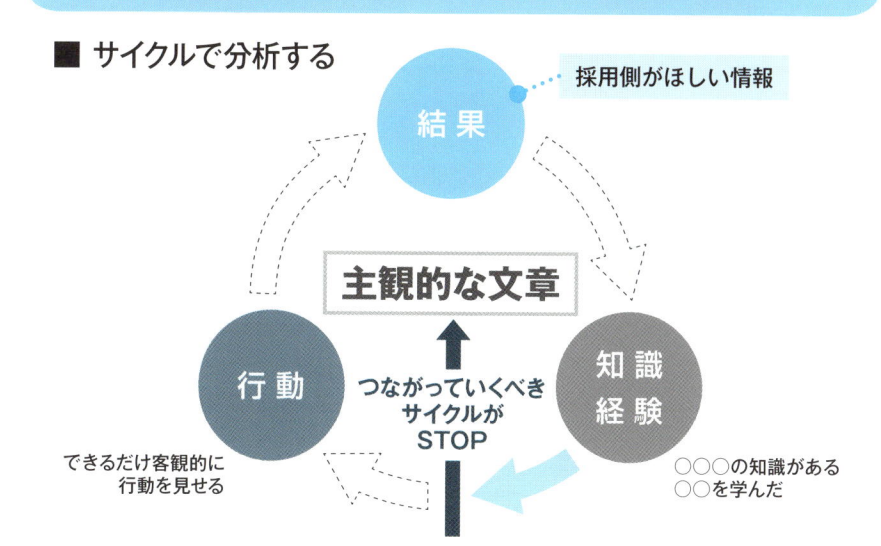

■ サイクルで分析する

```
          結 果 ←……… 採用側がほしい情報
         ↗       ↘
                    主観的な文章
                         ↑
    行 動          つながっていくべき          知 識
                  サイクが                   経 験
                    STOP
  できるだけ客観的に                        ○○○の知識がある
  行動を見せる                              ○○を学んだ
```

✎ 採用側が求める情報にするには

知識経験
● 主観的すぎる内容
> リピート中心の営業方法には自信があります。

↓ 客観性を持たせ行動を説明

行動
> お客様に顔を覚えていただけることを目標に、ご購入いただいた方の訪問を軸にした営業を展開。

＋ 相手のほしい情報になる

結果
> 月に○件のご紹介をお客様からいただき、営業所内で月間紹介件数トップを獲得しました。

▶主観的な文章は「経験・知識」のところでサイクルがストップしてしまうことが多い。「経験・知識」で完結してしまうのではなく、どう「行動」してきたかを客観的な事実を交えて説明し、その「結果」どうなったかという内容にすることが、アピール度を高めることにつながる。

Column 採用現場のホンネ

手でなく"顔"を見て!?

転職の相談を受ける際、私はメモをとりながら話をうかがうのですが、そのとき相手の方の目は、ほとんど私の手元に向けられています。

これは面接でも同じで、むしろそれ以上に気になるものです。手元の応募書類や評定表に面接官は「いったい何を書き込んでいるのだろう?」と、応募者の妄想は膨らむばかりです。○、×くらいはペンの動きでわかるもので、応募者はそれだけでも一喜一憂してしまいます。×など見えたらもう大変で、話せることさえ話せなくなってしまいかねません。

また、電話中にやりがちな、無意識にぐるぐる丸を描いたりする落書き。これを、こともあろうに面接中にやらかす面接官も中にはいます。

こんなこともありました。ある面接で、面接官が面接の最中にいきなり目の前でファイルをバタン! と閉じたのを見て応募者は「ああ…、終わった。きっと不採用だ」と思ったそうです。ところが面接官の考えは、実際にはその逆で、その応募者の採用を決意し、話を聞くのはもう十分と考え無造作にファイルを閉じたようだ、ということが後日わかりました。このように、悪気があるわけではなく、ただ応募者の見極めに集中することでいっぱいで、その場の応募者のデリケートな気持ちを思いやれない面接官が多いのです。

自分の書類は気になるものですが、それがしどろもどろになってしまいます。面接での受け答えに気をとられていると肝心の、面接での受け答えが気になるところですが、面接では我慢して姿勢を正し、相手の顔を見て話すようにしましょう。

PART 6
職務経歴書の成功実例

このパートでは、実際に書類選考を通過した添削後の OK 例と添削前の NG 例を公開！ 自分のケースに合った成功実例を参考に、最高の職務経歴書に仕上げよう！

「第二新卒」の場合 NG例

短期間で職務経験が浅いだけに、背伸びは禁物

■ 経験が浅いなりの書き方がある

第二新卒の応募者に対して採用側が持つイメージは「採用しても、すぐにやめてしまうのでは」というものです。そのマイナスなイメージを払拭するためにも、何ができて、何をやっていきたいのか、という前向きな姿勢を具体的にアピールする必要があります。

左の例では、自動車の営業をしてきたことはわかるのですが、"どんな売り方をしてきたのか" "どういう顧客を対象に、どの地域で営業してきたのか" がわかりません。経験が浅くても、もっと掘り下げてみましょう。

「活かせる経験…」の欄も抽象的です。さらに具体的に、当人の**スキルが目に浮かぶよう****に工夫しましょう**。

■ 背伸びした表現は避ける

「自己PR」は、意欲は伝わってくるものの、あまり好感の持てる書き方になっていません。また、キャリアが短いのに "あれができる" "これもできる" と強調しすぎるのは背伸びしているといえます。**採用側から勘違いや自分を****客観的に見られていないと判断されてもしか****たありません**。キャリアが短いのは採用担当者も重々承知なので、それを弁解するより「経験は浅いが、これから努力してよい仕事をしていきたい」とアピールしたほうが好感を持たれます。

第二新卒の人は、あくまで謙虚な姿勢で、仕事に対する意欲は前向きであるという印象を持たせることが重要です。

■ 自動車営業から産業機器メーカーの営業へ（NG例）

Before

職務経歴書

20xx 年 xx 月 xx 日
氏名　福留 洋平

【職務経歴】
20xx 年 xx 月～現在　　トイカンパニー株式会社
事業内容：新車・中古車販売、買い取り、修理・整備、自動車部品・用品販売、保険代理業
従業員数：412 名
資本金：2 億円

職務期間と部署	職務内容
20xx 年 xx 月～xx 月	新入社員研修
20xx 年 xx 月　汐留営業所	新車、保険の販売担当 営業形態：新規開拓 担当地域：港区 新車販売台数〇台

……①

【活かせる経験・知識・能力】
学生時代のサークル活動で身につけた協調性
コミュニケーション能力
自動車ローンに関する知識
営業スキル

……②

【自己PR】
　短い期間ですが、営業として求められるコミュニケーション能力などのたくさんの能力を習得できました。こんなときにはお客様はどう思うのだろうか、自分はいまお客様に何ができるだろうか、このように仕事ではいつもお客様の立場に立って気を使うということを心がけてきました。
　長所はどんなお客様にも明るく元気良く接するコミュニケーション能力と積極性です。御社での仕事は同じ営業職として、今までの経験で鍛えた能力が即戦力としてお役に立てると思います。今後はさらなるキャリアアップを目指していきたいと思います。

③

④

ここがNG

① **営業活動のスタイルがつかめない**…どのように営業活動を行ってきたかがわかりにくい。また実績の数字が少ない
② **抽象的な内容**…営業にかかわるスキルがすべてにわたり抽象的。自動車ローンに関する知識は応募先では不要
③ **期間が短いのに？**…第二新卒は短期間での転職なので、学べたことが多いというとウソっぽく思えてしまう
④ **中身が浅い**…お客様の立場に立ってどう動いてきたのか、具体的なエピソードや行動を加えたほうがよい

「第二新卒」の場合 OK例

事実と動きで能力をアピール

■ 経歴を客観的にとらえる

「職務経歴」を5W1Hに分解すると、左のようになります。自動車の営業という仕事を"どんな顧客を対象に、どのような営業スタイルで行ってきたか"が読み手に正確に伝わるよう工夫されています。

新人研修の経験を織り込むのもプラスポイントです。社会人としての基礎は学んでいると判断され、有利に働くことでしょう。

そして、その結果として、**どのような営業成績を上げてきたのかも数値化して表現され**ています。これも重要なポイントです。

全体として、職務経歴を客観的にとらえ、それを相手にわかりやすく伝えるという意志が感じられます。

■ "動き"の見える表現を

「自己PR」も、背伸びしたところがなく、素直に次の仕事へ向かっていこうとの意欲が感じられる表現になっています。仕事の場面で、**具体的な"動き"が見える表現も効果的**です。その人がどういう態度や意欲をもって動いているのか。エピソード的な要素を盛り込みながら書くと、その人の人間性や仕事への姿勢が鮮やかに伝わるものです。

また第二新卒の場合、職務経歴書を書くのに迷うのが「なぜ前の会社を辞めたのか」の退職理由です。私は、**ネガティブな表現になりそうなら、あえて書く必要はない**と考えています。ただし、面接の場では問われるので、整理しておきましょう。

■ 自動車営業から産業機器メーカーの営業へ（OK例）

After

職　務　経　歴　書

20xx 年 xx 月 xx 日現在
氏名　福留　洋平

【職務要約】
国内自動車メーカー系の販売会社にて個人および一部法人顧客に対する新車販売業務に携わってきました。乗り換え需要の漏れのない取り込みと、顧客紹介や他社ユーザーへの訪問、催事開催などによる新規顧客の開拓を手がけてまいりました。

【職務経歴】
□20xx 年 xx 月〜現在　　トイカンパニー株式会社
◆事業内容：新車・中古車・部品・用品販売　買い取り　修理・整備　保険代理業
◆資本金　：2億円（従業員数／412名）

期間	業務内容
20xx 年 xx 月 〜 20xx 年 xx 月	東京本社　営業第一本部／新人研修 【新人研修】 ・ビジネスマナー ・業界の知識習得（営業としての基本行動および保険に関する知識を習得）
20xx 年 xx 月 〜 現在	東京本社　汐留営業所／新車・中古車・部品・用品・保険の営業 【営業スタイル】反響・訪問・顧客紹介を中心とした新規開拓中心 【取引顧客】東京都港区を中心とした個人および法人顧客 【実績】新規顧客年間目標○世帯に対して、○世帯獲得 　　　　新車販売：月間目標／○台　平均目標達成率108%

【活かせる経験・知識・能力】
・お客様も気づいていないようなニーズの発掘と提案が得意
・お客様との継続的な信頼関係を構築
　　　営業所内／月間紹介件数トップ（○月期）
・学生時代のサークル活動で身につけた協調性

【自己PR】
　短い期間ではありましたが、常に目標を明確に持ち、行動してまいりました。飛び込みの営業では、アプローチ件数の自主目標を決め、毎月必ずその数字はやりきることを実行してきました。また、次回おじゃました際に顔を覚えていただけることを心がけ、売りっぱなしにならないよう、ご購入くださったお客様への営業を展開することで、多くのお客様から買い替えの際に声をかけていただける関係を築くことができました。その結果、リピート獲得率やお客様からのご紹介の多さで営業所トップを獲得いたしました。今回、法人営業への転向を目指しております。まだまだ営業としてもキャリアを積まなければならない段階での異なる分野への応募になりますが、継続的な顧客との関係構築には自信があります。
　ぜひ、面接の機会をいただければと存じますので、よろしくお願いいたします。

以上

1/1

ここが OK

① **項目を立て数字を入れる**…5W1Hを意識し、表組みの中に項目を立てる。営業職なので具体的な数字を必ず記載する
② **商品が変わっても活かせる能力**…取扱い商品が変わっても活かせる能力を中心に書く。継続性などのフレーズがあればなお可
③ **やってきたことを中心に書く**…実際にやってきた取り組みを中心にアピールしよう。注意するのは応募業種でも使えそうなものを抽出すること

「派遣社員から正社員」の場合 NG例

経歴の羅列は専門的なスキルを感じさせない

■ 単なる職務の羅列になりがち

派遣社員として働いてきた人は、さまざまな会社で実務経験を積んでいるため、経験職種が豊富という特長があります。ただそれを職務経歴書の形に落とし込んでみると、左のように**単なる職務の羅列になってしまいがち**です。

私の経験からいうと、派遣社員の方がたの職務経歴書は"**その人なり"の強みや持ち味があまり感じられない**ものが多く、いわば、仕事を"単にこなしてきた"印象を持たれる内容になりがちなのです。

そうならないためにまずスペースを埋めればいい」との考えから脱却しなければなりません。

■ スキルだけでないプラスアルファを

ふつう、派遣社員として働く場合、職務内容や求められるスキルが限定されます。そのため、経験職種が豊富でも、その中でどう成長しスキルアップしてきたかが見えにくくなってしまいます。これまでの会社や職務の中で、自分が何を学び、どう成長してきたのかをじっくり考えてみると、盛り込むべき事柄の大きなヒントが得られるはずです。

また、正社員には、単なる職務スキルだけが求められるわけではありません。職場内の人間として「自分がどう動けるのか」など、**気働きを含め、自分の長所をピックアップして盛り込むこと**も、採用担当者に向けての大きなアピールとなります。

■ 派遣社員から正社員をめざす（NG例）

Before

職 務 経 歴 書

<u>20xx年x月～20xx年x月</u> ①

世界事務機　事務機器メーカー　（派遣）　派遣元　アイスタッフィングサービス
本社経理部　一般事務　経理事務

小口現金管理　伝票起票
買掛金業務　その他支払い関係
月次決算資料作成
伝票入力　銀行預金管理　残高確認
給与計算
売掛金管理

<u>20xx年x月～現在</u>

エージェント商事　精密機械商社（派遣）　派遣元　サンスタッフジャパン ②
新橋営業所　営業アシスタント　一般事務

営業関係伝票処理
来客・会議室予約受付
郵便物仕分け・発送
データ入力
見積書　その他業務書類作成
電話対応　顧客からの問い合わせ
来客対応

パソコンスキル
　　勘定奉行
　　<u>Word，Excel，Powerpoint，Access</u> ③

資格
　　日商簿記2級　20xx年xx月

自己PR
　　<u>派遣社員として事務の仕事をしてきました。長所は前向きなところで、決められた
仕事にも責任感を持ってミスの無いように真剣に前向きに取り組もうと頑張ってき
ました。自分でも長所が活かせていると思います。今後も長所を伸ばしながらさらに
キャリアアップを目指して経験を積んでいきたいと思っております。</u> ④

以上

ここがNG

① **名前と日付**…名前と日付が無記入。ビジネス文書の基本というものにもっと注意を払う必要がある
② **やってきたことの羅列**…職務の経歴がやってきたことの羅列になっている。社員としてどう動けるのかが見えない
③ **PCスキルが物足りない**…実際に派遣先でPC中心の仕事に携わっているのなら、ソフトの成熟度までを伝えるべき
④ **長所のアピールばかり**…自分の長所をアピールするだけで、なぜ社員として働きたいか、何ができるのかまでは言及していない

「派遣社員から正社員」の場合 OK例

あなたは会社に対して何ができますか

■ 会社に貢献できる?

派遣社員から正社員への転職の場合、採用担当者は"**正社員としての職務**"を理解しているか否かを気にかけます。

悪い言い方をすれば、与えられた仕事だけこなしていればよかった立場から**会社に貢献できる人材になれるか、企業にとっての重要な視点**なのです。

そのため、それをきちんと理解していることを職務経歴書に盛り込むと大きなアピールになるわけです。

左の「自己PR」のように具体的なエピソードなどを盛り込みながら、"**仕事の場面でこの人がどう動けるか**"がイメージできる表現を心がけてみましょう。

■ 正社員への意欲と自覚を

正社員を志望する主な理由は、給料など待遇面の改善というケースが多いと思います。

しかし、それを前面に出してしまうと、あまりいい印象を持たれません。

そのため、待遇面以外の、**自分がその会社で正社員として働きたい理由を整理しておく**必要があります。これは、面接でほぼ確実に問われる項目であり、非常に重要なポイントです。

「自己PR」の中に、派遣社員から正社員になるにあたっての意欲や自覚などを盛り込みましょう。「**長く働きたい**」「**役に立ちたい**」という姿勢で臨んでいることを十分に伝えるべきです。

■派遣社員から正社員をめざす（OK例）

After

職 務 経 歴 書

20xx年xx月xx日現在
氏名　保田　杏子

■職務要約
　経理業務と営業アシスタントの仕事を通して経理や営業に必要な帳票の作成から顧客との電話対応まで、社内でのサポートスタッフとしての職務全般を経験しております。①

■職務経歴
□20xx年xx月～20xx年xx月　世界事務機株式会社　事務機器メーカー　（派遣社員）

期間	業務内容
20xx年xx月 ～ 20xx年xx月	本社経理部（部員20名）　経理事務 派遣元：アイスタッフィングサービス株式会社 ・小口現金管理／伝票起票　・買掛金業務　・月次決算資料作成 ・伝票入力／銀行預金管理／残高確認　・給与計算 ・売掛金管理　　　　　　・来客／電話対応（社内からの問い合わせ等）

□20xx年xx月～現在　株式会社エージェント商事　精密機械商社　（派遣社員）

期間	業務内容
20xx年xx月 ～ 現在	新橋営業所（22名）　営業1課　営業アシスタント業務 派遣元：株式会社サンスタッフジャパン 課長以下メンバー8名を2名の派遣社員でサポート ・営業関係各種伝票処理　・データ入力（顧客管理情報ほか） ・見積書作成　　　　　・営業用資料作成サポート ・電話対応／来客対応　・その他所内庶務業務全般	②

■活かせる経験・知識・技術
・Excel：入力・集計、表・グラフ、関数計算、ピボットテーブルを業務で使用
・Word：文字入力、図表・グラフ挿入、校正機能を業務で使用
・PowerPoint：文字入力、図版作成、マスタ作成、アニメーションを業務で使用
・煩雑で細かい業務でも優先順位をつけ、正確かつ迅速に処理する力
・周囲への気配り ③

■資格　・日商簿記2級（20xx年xx月） ④

■自己PR
　煩雑で細かい業務をたくさん経験しており、効率的で正確な事務処理には自信があります。派遣先では言葉遣いやマナーがとても重視され、教育していただく機会も多く、ビジネスマナーを鍛えることができました。私は気働きのようなことが得意で、周囲のために何ができるのかを考えながら日々の仕事に取り組んでまいりました。特に、現職の営業所では、営業の方々が仕事に集中できる環境作りを目指し、達成表などを工夫して作成することで、営業所長にお褒めの言葉をいただいたこともあります。今後は社員として長期にわたって働けることを強く願っております。ぜひよろしくお願いいたします。

以上

1/1

ここがOK

① **経験を要約**…派遣社員としてさまざまな会社を経験している人は、特に「職務要約」の欄を作って自分の経験を要約して伝えることを心がけよう
② **仕事の内容をより具体的に**…仕事で実際何をやってきたのかを具体的に書く。事務職であれば箇条書きにしてもよい
③ **PCスキル**…ソフトを中心に使っているのであれば、その習熟度を伝え、アピール度を高める
④ **社員としての動き**…社員に求められる気遣い（気働き）などのエピソードを意識して盛り込む

「ブランクからチャレンジ」の場合 NG例

ブランクはブランクとして素直に認めよう

■ ブランクは隠さない

"前職を退職してから長い時間が経っている""職歴の中に半年以上のブランクがある"などの事実は、採用担当者は必ず気にかけ、見逃すことは、まずありません。その点について、職務経歴書で何も説明がないと「書けない理由がある」と**マイナスな想像を膨らませてしまいます**。ブランクの理由や、その期間中に何をしていたかは、自己PRにうまく入れる形で明らかにしておきましょう。

また、ブランクの理由が、精神的なものを含め健康上の問題が起因している場合、その旨を簡潔に記し、**現在はどうなのか**をはっきり書いておくべきでしょう。親の介護など近親者の問題であった場合も同様です。

■ 現在の意欲を伝えよう

左の例は、スタイリストの夢をあきらめ営業に再チャレンジするというケースですが、チャレンジするには不安要素があまりにも多いといえます。

まず「身体をこわしている」という表現はマイナスで、営業との接点が「自分では活かせると思う」レベルのあいまいなものになっています。保有スキルの「営業経験」は、まったく何ができるのかがわかりません。

営業としてのブランクや経験の浅さを下手に取り繕うより、まずは**マイナスと認め、それを自分なりに省みてから、再就職へ向かう意欲、熱意へとつなげて書いていく姿勢が大切**です。

126

■ スタイリストから医療機器の営業へ（NG例）

Before

20xx 年 xx 月　現在

職務経歴書

氏名　中村 真理子

■職務内容

20xx 年 xx 月～20xx 年 xx 月

株式会社日陽商事　事業内容：雑貨・日用品の輸入商社　営業本部　営業1課　配属

【役割】営業

【内容】輸入アイデア商品の営業（ルートセールス　新規開拓）

【得たスキル】営業全般の基礎スキル　①

20xx 年 xx 月～20xx 年 xx 月

ヘアサロン・ハイブリッジ

【役割】スタイリストアシスタント

【内容】開店・閉店手続き　店舗清掃

　　　　アシスタント業務（シャンプー、フェイスマッサージ）

■保有スキル

・営業経験

・接客スキル　②

■自己PR　③

　身体をこわしてしまい将来不安になり転職活動中です。営業とスタイリストでは違う仕事のように見えますが、どちらも人に接するという点ではわたしのなかでは同じことだと思っています。いろいろなことを学ぶことができたので決して無駄な経験ではありません。いま、世の中は高齢化社会といわれておりこれからは健康や医療というキーワードが社会的にも大きな意義があると思います。営業と接客で鍛えたコミュニケーション能力は御社でも即戦力で活かせると考えております。

ここがNG

①**何ができるかわからない**…自分のスキルのアピールにしては、具体性に欠けている
②**身体が弱い？**…身体をこわしたため将来が不安なのはわかるが、なぜ募集職種の営業ならば大丈夫なのかの根拠に欠ける
③**文章量の割には内容がない**…募集職種との結びつきをアピールしているようだが、無駄が多い

「ブランクからチャレンジ」の場合 OK例

再スタートという意識を大切に

■ "再スタート"への思いを書く

ブランクがあるからといって、それに必要以上にとらわれることはありません。

過去の経験と、現在の希望職種に関連があれば、それは立派なキャリアになるわけです。それを十分意識し、応募職種とマッチするものを探して、職務経歴書に活かしましょう。

とはいえ、**無理なこじつけや背伸びは禁物**です。キャリアが少ないならば、それを冷静に認識し、そのうえで意欲やその仕事に就きたい理由を訴える必要があります。

ブランクを気にするあまり、言い訳を書き連ねたり、自分の経歴を過剰にアピールしたりするのは避けるべきです。"再スタートしたい"という素直な思いを伝えるのです。

■ 主婦からの再就職は

女性の場合、結婚・出産などを経ての再就職が近年増えていますが、これも一つのブランクです。ただこの場合は、過去の職歴はもちろんですが、"離職から現在までどう過ごしてきたか"も大切なポイントになります。

長い期間、労働環境から離れていていきなり再就職、では採用側も不安を抱くものです。主婦業のかたわらパートやアルバイトをしていたのであれば、それも積極的に「自己PR」として書くべきです。仕事への適応の意味でも、採用側の不安を取り除く要素となります。

また、**事前にスクールに通うなど再就職に向けた準備や積極的な動きも評価のポイント**になります。

■ スタイリストから医療機器の営業へ（OK例）

After

職 務 経 歴 書

20xx年xx月xx日現在
氏名　中村　真理子

【職務経歴】
□　株式会社日陽商事
◆事業内容：雑貨・日用品の輸入・販売
◆資本金：2億円　◆売上高：○百万円（20xx年）　◆従業員数：○名

期間	業務内容
20xx年xx月 〜 20xx年xx月	【所属】営業本部　営業1課　【役割】営業 【営業スタイル】ルート中心／一部新規開拓 【担当地域】関東全域 【顧客層】アミューズメント施設、ホテルなど　25社 【実績】20xx年度　売り上げ○万円　前年比142%

……①

□　ヘアサロン・ハイブリッジ
◆事業内容：美容院・エステ（個人経営）

期間	業務内容
20xx年xx月 〜 20xx年xx月	【役割】スタイリストアシスタント 【職務内容】 店舗運営（開店・閉店手続き／清掃） アシスタント業務（シャンプー、フェイスマッサージなど）

【活かせる経験・知識・技術】
・営業としての基本的なマナー
・雑談から要望をくみ取り提案にむすびつける営業スタイル
・お客様の様子から嗜好を読み取りながらお客様に合わせた対話能力
・スポーツから時事ニュースまでこまめな情報収集と退屈させない話題作り

……②

【自己PR】
　スタイリストを目指してきましたが腰を痛めてしまい、中腰で長時間働くことが困難になったため断念し、営業職での復職を目指し転職活動中です。営業や美容院で鍛えた対話の中からお客様のニーズを引き出し提案することが得意で、ドクターとの営業場面でも活かせると思っております。現在、簡潔にわかりやすく伝えられる技術を強化しようと思い通信講座で論理的思考力の勉強中です。
　営業としての再スタートになるので、厳しい環境であることは承知しておりますが、何事にも全力で集中して取り組むことには自信があります。一刻も早く戦力になれるよう頑張りますのでどうぞよろしくお願いいたします。

……③
……④

以上

1/1

ここがOK

①**職務内容をわかりやすく整理**…ハンデを認識する面でも、表組みでわかりやすく整理して伝える必要がある
②**より募集職種に近づける**…あいまいな表現で終わらせず、マッチするものを抽出して伝える
③**理由をきちんと説明**…ブランクについての説明は自己PRのところで必ず相手に伝える
④**取り組みはなお可**…ハンデを克服する姿勢を見せるためにも、事前に取り組んでいることがあれば書き込もう

「異業種への転職」の場合 NG例

十分な企業研究をすべし！

■ 決めたらチャレンジする勇気を

これまでの経歴とはまったく関係のない業種や職種への転職の場合、何に重点をおいて職務経歴書を作成すればよいか、迷うことでしょう。

多くの場合、中途採用では〝即戦力〟としての活躍が期待されています。それ故、まったくの未経験では、まずふるいにかけられてしまうと思いがちですが、決してそんなことはありません。

ある程度の社会経験があれば、意欲や能力しだいで短期間にキャッチアップできることを採用担当者は心得ています。自分で〝この業界でこの仕事がしたい〟と決意を固めたら、臆することなくチャレンジすべきです。

■ 希望企業、希望職種を研究する

左の例は、システムエンジニアから人事コンサルタントへの転職ケースです。この例がまったくダメとはいいませんが、エンジニアとしての「職務経歴」を書類の一番上に持ってきても、コンサルティングが専門の人にはピンとこないのが現実です。つまり、この職務経歴書はアピールすべき点を間違っているといえます。

異業種とはいえ、**課題発見能力、問題解決能力、コミュニケーション能力、プロジェクトの推進力や協調性など、活かせるスキルは必ずある**はずです。丹念に企業研究をしてアピールできるポイントを探し、それを中心に職務経歴書を構成しなければなりません。

■ システムエンジニアから人事コンサルタントへ（NG例）

Before

職務経歴書

20xx 年 xx 月 xx 日現在
氏名　石原 慎吾

■職務経歴
□20xx 年 xx 月～現在　シンシステム株式会社

期間	プロジェクト内容	担当フェーズ	開発環境	メンバー数/役割
20xx年xx月 ～ 20xx年xx月	不動産会社向け 人事・勤怠システム	要件定義 基本・詳細設計 プログラミング テスト	Windows2000Server SQLServer2000 VB ASP JavaScript XML SQL	2名/メンバー
20xx年xx月 ～ 20xx年xx月	自治体向け 人事給与システム	要件定義 基本・詳細設計 プログラミング テスト	UNIX WindowsNT4.0 Access/VBA Oracle	7名/サブリーダー

……①

■活かせる経験・知識・能力
- 人事給与関連の業務知識
- お客様との打ち合せにおける交渉・調整力　……②
- サブリーダー経験
- ドキュメント作成

■自己PR
<u>主体性に自信があります</u>
　未経験からシステム開発の世界に飛び込み、何でも勉強だと思い、わからないことはイメージできるまで自主的に聞いて調べるということを実践してきました。

<u>システム開発の一連の流れを把握しております</u>
　プログラミングから上流工程まで一連のシステム開発のプロセスを経験してきました。

……③

以上

ここがNG

① **採用担当者はよくわからない**…異業種なだけに自分の職務内容が伝わりにくいということを心得よう
② **もう一歩踏み込んで**…相手の業種にマッチしたものが中心だが、「どんな相手に？」など、もう少し掘り下げたい
③ **チャレンジ度が低い**…挑戦という意識をもう少し持ち、アピール度を強めたいところ

「異業種への転職」の場合 OK例

よりチャレンジ精神を打ち出した内容に

■「自己PR」を大切に

130ページでも述べましたが、**異業種への転職では「職務経歴」はさほど重要視されません**。採用担当者は、あえて異業種に挑もうとする意図を知ろうとして「自己PR」や**「活かせる経験・知識・能力」に目をとめることが多い**と心得るべきです。そのため左の例では、チャレンジ式のフォーム（97ページ参照）を採用しています。

まず希望職種を明記し、応募先の会社でも使えそうなスキルを強調、さらに自己PRに厚みを加えてアピール度を強めます。また、自己PRには、自分がなぜその仕事に就きたいのかをきちんと盛り込みながら、意欲や理由をアピールすることも重要です。

■ 単なる精神論に陥らない

これまでの経歴と希望職種の間で、なかなか接点が見つからないこともあるでしょう。その場合にありがちなのが"一生懸命頑張ります""満足のいく結果を必ず出します"など、**精神論だけに陥ってしまう書き方です**。なんの根拠もない意欲だけでは、採用担当者への説得力に欠けます。逆に"**自分のことを客観的に見られていない**"と敬遠されてしまうのがオチです。

謙虚に自分の職務経歴とは違う職種への転職であることを認め、その中で接点となりそうなものをアピールし、さらに転職への意欲と理由を明確に示した職務経歴書にしていくことが大切です。

■ システムエンジニアから人事コンサルタントへ（OK 例）

After

職 務 経 歴 書

20xx 年 xx 月 xx 日現在
氏名　石原 慎吾

■希望職種　組織コンサルティング職を希望します。

■活かせる経験・知識・能力
・お客様の状況から的確に課題を把握するヒアリング能力
・経営層との意見交換を通して鍛えた度胸とビジネスマナー
・官公庁との打ち合わせを通して鍛えたドキュメントやプレゼンテーション資料作成スキル
・人事給与関連の業務知識

■自己PR
<u>仮説をもって仕事に取り組むことが習慣になっています</u>
　お客様がすでに抱いている課題だけではなく、お客様の置かれている状況から仮説を抱いたうえで、ヒアリングに臨むようにしてきました。一方で過去のよく似た事例から先入観を持たないよう注意し、お客様に集中することも心がけてきました。
　その結果、他のプロジェクトに比べ軌道修正をすることなくスムーズに進められ、納期通りに開発ができました。

<u>懐に飛び込んで学んできました</u>
　人事のシステム開発プロジェクトでは、スピード感を求められる開発環境のうえ、人事業務の知識がない状態からのスタートで、お客様に教わりながらプロジェクトを進めることを意識してきました。必要な項目をそのまま聞くのではなく、自分で調べたことを確認するようにぶつかっていったことで、短期間で業務知識を身につけることができました。

　人事のシステム開発を通して、制度や組織作りについての知識を学び、組織そのものに関わる仕事に強い興味を持つようになり、この度貴社の募集にチャレンジすることを決意いたしました。経験分野は異なりますが、経験職種で培った論理的な思考力には自信があります。また、もともと何事にも面白がって取り組める性分で、論理性と情熱を併せ持っていると自己分析しております。ぜひご検討ください。

■職務経歴
□20xx 年 xx 月～現在　シンシステム株式会社

期間	プロジェクト内容	担当フェーズ	開発環境	メンバー数／役割
20xx 年 xx 月 ～ 20xx 年 xx 月	不動産会社向け 人事・勤怠システム	要件定義 基本・詳細設計 プログラミング テスト	Windows2000Server SQLServer2000 VB ASP JavaScript XML	2名／メンバー
20xx 年 xx 月 ～ 20xx 年 xx 月	自治体向け 人事給与システム	要件定義 基本・詳細設計 プログラミング テスト	UNIX WindowsNT4.0 Access/VBA Oracle	7名／サブリーダー

以上

ここが OK

① **フォーマットはチャレンジ式で**…異業種へ臨む意気込みを強くアピールするためにもチャレンジ式を使おう
② **活かせる経験を具体的に**…自己PRでは募集職種でも活かせそうな経験に焦点をあて、具体的な行動を記してアピールしよう
③ **「職務経歴」は最後に**…異業種のためアピール度が低いので「職務経歴」を最後に持ってくる

「転職歴が多い人」の場合 NG例

"転職歴が多い→すぐやめる"の連想を断つ

■ "言い訳"はマイナス要素

今、日本の企業は終身雇用から"よりよい環境や仕事を求めての転職は当然"との志向転換期にあるといえます。しかし、転職が日常茶飯事のアメリカなどと比べれば、転職に対するイメージはまだネガティブなのが現状です。キャリアアップやステップアップのための転職であっても、まずその実情を理解しておきましょう。

転職回数の多いことをハンデと感じている人が陥りやすいのが、**退職理由をくどくどと書き連ねてしまう**例です。読む側にとってみれば"言い訳"にしか受けとめられません。「適応力が欠けている」と思われ、マイナス要素になってしまうだけなので気をつけてください。

■ 継続して仕事をしていく意志を

とはいえ、転職を重ねてきたことについて何も言及されていないと、採用担当者が疑問を持つのも事実です。**具体的な退職理由があれば簡潔に記しておきましょう。**

また「自己PR」で、これまでの転職歴に対する自分の考えや、新たにキャリアを積んでいきたい意志などを明示し、**会社に長く貢献できる人材であることをアピールする**のも有効です。左の「自己PR」は仕事を継続させるという意志が見受けられず、一般的な内容に終始しています。企業の側は「長い期間、いい仕事をしてもらいたい」と望んでいるわけですから、その真意を十分にくみ取った職務経歴書にしていく必要があります。

■ 転職歴の多い人が営業職へ（NG例）

Before

20xx年xx月

職務経歴書

原田　克行

20xx年xx月	株式会社　浜海食品　入社　営業課　配属 乾物　わかめ　昆布　ほか海産物のルートセールス 商品知識研修　量販店での研修販売
20xx年xx月	北関東地区担当 埼玉　茨城　栃木　群馬を中心とした得意先１２０件を担当 …① 重点強化商品の営業に注力
20xx年xx月	もっと多くの人と接する仕事にキャリアアップするため退職 …②
20xx年xx月	株式会社ホーム電器　秋葉原店　契約社員 家電製品の販売 テレビ・DVD売り場　健康関連商品売り場 対面販売を担当
20xx年xx月	一身上の都合で退職
20xx年xx月	株式会社カーオート　営業本部 自動車部品および用品の卸売り 中古車販売会社 自動車ディーラー オートオークションなどへの営業　担当顧客２００件

現在に至る

【自己PR】
様々な仕事を経験することで、人間の幅を広げられたと思います。コミュニケーション能力や協調性など、学んだことも多く、それらはすべて自分の宝物として大切にしていきたいと考えております。これからは持ち前の営業適性を発揮して、さらなるキャリアアップを実現したいと思っていますのでよろしくお願いします。 …③

ここがNG

① **職歴がととのえられていない**…職歴がまとめられておらず、社内異動が転職歴のように見えてしまう
② **あいまいな退職理由が入っている**…その後の転職先と一貫性がない退職理由を安易に書くのはマイナス。自分をよくみせようとしていると思われる。言い訳ではなく本気で伝えたいやむをえない事情だけにしよう
③ **自己PRの内容が陳腐**…「転職歴が多い」→「人間の幅が広がった」はあまりに安直。また「さらなるキャリアアップ」では、またすぐ辞めるのではと思われてしまう

「転職歴が多い人」の場合 OK例

アピールできるものはくくり、できないものは圧縮する

■ 多くの経験を一まとめにしてみる

転職歴の多い人は、仕事をすぐに変えてしまうと思われないためにも、自分のキャリアを整理し、**募集職種に合いそうな経験をくくる工夫**が必要です。

左の営業への応募の例では、キャリア式のフォーマット（95ページ参照）を使い、多くの経験の中でくくれるものをくくって、冒頭の「職務要約」に盛り込んでいます。

この人の場合は、営業職の間に販売職の経験がありますが、営業の経験は通算して4年になります。また、活動エリアが関東だったので、職務要約で、「関東エリアで4年間のルートセールスの経験」とくくって、**より募集職種に合わせたアピール**にさせています。

■ マッチしない職歴は思いきって圧縮

転職回数が多いと、135ページのNG例のような、職歴をただ羅列しただけの文面になりがちです。これでは何がポイントなのか読み取りにくくなるので、希望する会社や職種に合わせて、**アピールできるポイントを取捨選択していくこと**が大切になります。

「職務経歴」の表組みなどを使い、**経験してきた職種に優劣をつける**のも効果的です。具体的な方法としてはキャリア式のフォーマットの利点を活かし、希望職種に関連の深いものをより詳細に記述していくことになります。

左の例を見ておわかりのように、応募職種の営業と関係の深い経験を中心にまとめ、関係の薄い販売経験を1行に圧縮しています。

■ 転職歴の多い人が営業へ（OK例）

After

職　務　経　歴　書

20xx年xx月xx日現在
氏名　原田　克行

【職務要約】
関東エリアで4年間のルートセールスの経験があります。固定顧客中心でしたが新規開拓にも取り組んでおりました。　……①

【職務経歴】
20xx年xx月～20xx年xx月　　株式会社浜海食品　　営業（1年）
20xx年xx月～20xx年xx月　　株式会社ホーム電器　　販売（1年）
20xx年xx月～現在　　　　　株式会社カーオート　　営業（3年）

【営業職としての経験】

□株式会社カーオート　　◆事業内容：自動車部品の製造・販売　　◆資本金：○億円

業務内容
配属：営業本部
【職務内容】　自動車部品全般およびカーアクセサリーのルートセールス
【担当顧客】　関東全域の中古車販売会社　　担当顧客数200件
【実績】　　　6か月連続目標予算額達成　前年度比108％　新規顧客開拓数／30件 オリジナルのディスプレーセットを作成し、陳列方法とセットで提案

□株式会社浜海食品　　◆事業内容：海産物・乾物の加工・販売　　◆資本金：○億円

業務内容
配属：営業第一課
【職務内容】　乾物、わかめ、昆布ほか海産物のルートセールス
【担当顧客】　埼玉、茨城、栃木、群馬エリア　担当顧客数120件
【実績】　　　前年度比105％ 重点強化商品を調理方法とセットで売り込む提案営業に注力

……②

※その他の経験職種
□株式会社ホーム電器　配属：秋葉原店　職務内容：店頭にて家電製品の販売　……③

【活かせる経験・知識・技術】
・約束を守りながらコツコツと長期的に信頼関係を構築する持続力と粘り強さ
・ディスプレーの工夫などイメージをふくらませられるような提案が得意
・目標達成への執着力
・資格／普通自動車第一種運転免許（20xx年xx月）　……④

【自己PR】
　今回、現職で業績不振による希望退職を実施する計画が発表されたことを機に、再度将来を考えて転職を決意いたしました。派手さはありませんが、担当したお客様の立場で販売方法を提案する営業を心がけ、お客様との長期的な関係構築力を身につけてまいりました。その結果、お客様からのご紹介も多く、現職の3年間では30件の新規顧客をご紹介いただけました。粘り強く誠実にお客様に向き合っていく営業姿勢には自信があり、御社でも活かせると考えておりますので、よろしくお願いいたします。

以上

1/1

ここがOK

① **括れる経験をくくって見せる**…多くの転職歴の中から共通するものをくくり、一つの経歴として見せるようにする
② **キャリア式でアピールできるものを優先**…フォーマットはキャリア式を使い、募集職に合う経歴を優先して書くようにする
③ **不要な経験を圧縮**…募集職種に不要な職歴は、思いきって1行に圧縮するとよい
④ **やむをえない退職理由は記載**…やむをえない退職理由がある場合はそれを説明しておいたほうがよい

「営業職」の通る書き方

「数字」と「人としての魅力」を伝える

■ 営業内容をなるべく詳しく

営業職は、ほぼすべての業界にある職種です。特に営業職から営業職への転職の場合は、その当人が**どんな職務経歴を経てきたかを、かなり詳細に記載する必要があります**。

具体的には「取り扱った商品・サービス」「対象顧客」「営業エリア」「営業方法」「実績」などを、採用担当者の目に"見える"ように表現していくのです。

また、同じ営業職でも、業種によって求められる能力、資質は異なってきます。職務経歴書の作成では、**応募する会社を顧客に見立て、そのニーズを把握し、自分という"商品"を営業する（売り込む）心構え**で臨むとよいかもしれません。

■ 数字も積極的に取り入れる

営業職の場合、ノルマや目標の達成を数字で表しやすいというメリットがあります。**過去に達成できた実績**は、そうした数字を盛り込むことで説得力が増してくるので、**積極的に取り入れましょう**。

また、数字だけを強調すると、とかく無味乾燥な印象を与えがちになります。営業職は人としての持ち味も強い武器になるので、**「自己PR」で、過去のエピソードなどを織り交ぜながら、人となりや営業の場面が見えるような表現をしていく**と、採用担当者にアピールできます。

実績も大事ですが、**そのプロセスや"学び"も大切なアピールポイント**になるのです。

■ 住宅の営業から保険の営業へ（OK例）

職務経歴書

20xx 年 xx 月 xx 日現在
小田 丈司

【職務要約】
住宅メーカーの営業職として、主に高額所得層の個人顧客に向けた一戸建て住宅の新規開拓営業に、○年○か月従事してきました。 ……①

【職務経歴】
20xx 年 xx 月～現在　三ツ木ハウス株式会社
事業内容：プレハブ軽量鉄骨住宅の企画・製造・販売
資本金：○億円　売上高：○億円（20xx 年）　従業員数：○名

期間	業務内容
20xx 年 xx 月 ～ 20xx 年 xx 月	新入社員研修 ビジネスマナー　営業行動の基本の習得 商品知識学習　営業同行　ロールプレイング等
20xx 年 xx 月 ～ 20xx 年 xx 月	住宅営業部　霞が関営業所配属 一戸建て住宅の営業 【担当地域】千代田区・港区近隣 【取引顧客】富裕層を中心とした個人 【取引商品】自社一戸建て住宅 【営業スタイル】新規開拓中心 【実績】新規開拓顧客件数　○○件 　　　　売上実績　○○○○万円　○○棟 　　　　部内キャンペーン　1位（8か月連続目標達成）

……②

【活かせる経験・知識・能力】
・高額所得層に対していつでも時間を取っていただける顧客関係づくりが得意
・アフターフォローに自信があります。顧客紹介　部内トップ
・パワーポイントによる資料作成およびプレゼンテーションスキル
・展示会や催事の企画運営

【自己PR】
　家という器を売るのではなく、顧客に対する資金や資産面でのライフプランナーとしてお役に立つことを意識し、実践してまいりました。ほとんどのお客様は購入にあたって住宅金融公庫や民間ローンなどの融資や税金、相続の課題を抱えておられます。そういったニーズに対し、セミナーを定期的に開催して長期的な顧客との関係構築を行い、安定的な業績を達成できたと自負しております。まじめで誠実な提案営業活動ができることが自分の強みです。同時に粘り強い地域密着型の新規開拓営業を経験しておりますので、タフさやバイタリティも鍛えられていると思います。ぜひご検討ください。 ……③

以上

ここが OK

① **何がキーワードになるかを特に意識**…どのような顧客を対象とし、どんなスタイルで営業してきたかなど、募集職種とマッチするキーワードを盛り込む
② **数字で実績をアピール**…活動内容がわかるよう【担当地域】【取引顧客】【取引商品】【営業スタイル】【実績】の項目を立てるとよい。また、期間がたとえ短くても、実績は必ず入れる
③ **苦労話は盛り込まない**…営業職は営業活動中の苦労話を盛り込みがち。採用側は「こんなにたいへんでした」より「こんな成果が出せました」が知りたい。また、自己PRでは人間味を伝えることも大切

「技術職」「クリエイティブ職」の通る書き方

技術職なら「職務経歴」で、クリエイティブ職なら「制作物」で勝負

■ 技術職はスキルや能力を正確に

技術職は他の職種と違い、担当する業務がはっきりしているため、スキルや能力を比較的正確に伝えやすいといえます。**職務経歴を見ただけで、応募者の力量を測れます**。いわばプロどうしですから、情報のやりとりがしやすい職種なのです。

そこでポイントとなるのが「職務経歴」を、見やすく、正確に、また客観的に書くということです。そのため、左のように**表組みを用いて、項目を立て、一目でどんなプロジェクトを遂行してきたのかがわかる工夫**をします。専門的な知識とスキルが具体的に伝わるよう、業務の内容や担当範囲、使用したソフトや機種などを正確に記します。

■ クリエイティブ職は制作物でアピール

クリエイティブ職は専門性が高く、能力や知識、スキルが制作物として残るので、アピールしやすい分野といえます。142ページはWEBデザイナーの例で、技術職のように「職務経歴」をプロジェクトや制作物ごとに正確に記載し、そのうえアピール度が高くなるよう**制作物の見本を盛り込んでいます**。

また、クリエイティブ職には**アーティスト的なセンスとともに、ビジネス感覚も求められます**。自分の作りたいものばかりを制作しても、ビジネスにはなりません。どのような取引先とどういう仕事をしてきたかなどのビジネスに関する記述を「職務経歴」や「自己PR」に盛り込むよう心がけましょう。

140

■ プログラマーからシステムインテグレーターへ（OK例）

職務経歴書

20xx年xx月xx日現在
氏名　五十嵐　康雄

【職務要約】
実装技術を身につけたうえでシステム開発工程の全体像を把握できるようになりました。現在はプロジェクトリーダーとしてメンバーマネジメントやリスク管理も手がけております。

【活かせる経験・知識・能力】
・官公庁・自治体の商慣習、業務のしくみに関する知識
・要件定義から実装、テストまでのシステム開発の一連の流れをすべて経験しており、それぞれの立場でものごとを考えることが可能
・お客様との打ち合せにおける交渉・調整力
・Windows 上でのリレーショナル DB を用いたアプリケーションの設計・開発
・Unix/Linux 上での PHP/Perl を用いた CGI の開発

■ 職務内容
□20xx 年 xx 月～20xx 年 xx 月　　　株式会社ビットカンパニーシステムソリューションズ
◆資本金：○億円　　◆従業員数：○名

期間	プロジェクト内容	担当フェーズ	開発環境	メンバー数／役割
20xx 年 xx 月 ～ 20xx 年 xx 月	●地方自治体　台帳管理システム ※住民から寄せられた問い合わせを管理するシステム開発プロジェクト	プログラミング	Linux PHP PostgreSQL HTML JavaScript	2名／メンバー
20xx 年 xx 月 ～ 20xx 年 xx 月	●福祉会社　顧客管理システム ※顧客データ管理・修了書発行システムの開発	詳細設計 プログラミング	Windows2000Server Access/VBA Excel/VBA	2名／ サブリーダー
20xx 年 xx 月 ～ 20xx 年 xx 月	●大手人材サービス会社 派遣スタッフ管理システム ※顧客データ管理、売り上げ管理システムの開発	要件定義 基本・詳細設計 プログラミング	Windows2000Server Access/VBA Excel/VBA	3名／リーダー

■資格
・TOEIC 730 点（20xx 年 xx 月）
・情報処理技術者試験　プロジェクトマネージャー試験（20xx 年 xx 月）

■自己PR
　官公庁のプロジェクトに参加し、ドキュメントを残しながら、粘り強く交渉ごとを進めるうえで、言語化能力と交渉調整能力を身につけることができました。顧客の要望に対しては、顧客の置かれている状況までを把握しようと心がけ、現場の人たちとの対話を大切にしてきました。
　また、たえず「なぜ」を意識し、案件の「完成イメージ」を描きながら、わからないことはイメージできるまで「とにかく聞く」「調べる」ということを実践してきました。大規模案件の上流での開発経験はまだ充分にはありませんが、システム開発の一連の流れは把握しております。これからは、より大きな規模の案件を自分で取りまとめることができるような仕事を熱望しております。

以上

1/1

ここがOK

① **プロジェクトを個別に記載**…技術職はプロジェクトがはっきりしているので、プロジェクトごとにわかりやすくまとめる工夫をしよう

② **担当業務（フェーズ）と開発環境**…採用担当者も技術のプロなので、やってきた業務や使用ソフトを見て、あなたの力量を測ることができる

③ **役割の変化**…「メンバー数／役割」の記載も大事なポイント。役割の変化、つまり一メンバーから始まり、リーダーへというような成長過程を伝えると効果的

■ WEBデザインからWEB・モバイルのデザインへ
[1枚目]

職 務 経 歴 書

20xx年xx月xx日現在
氏名　大下　佑一

■職務要約
・20xx年xx月～20xx年xx月　ビズデザインプロジェクト株式会社
・20xx年xx月～20xx年xx月　株式会社デザインオフィス・タカ

■活かせる経験・知識・技術
【得意分野】
・大規模プロモーションサイトにおける　WEBデザイン
・スケジュールやコスト制約とデザインとのバランス感覚
・WEBユーザビリティの知識

【使用可能ツール】
・Dreamweaver　Illustrator　Photoshop
・HTML（素書き可能）
・Javascriopt,Perl,PHP（知識レベル　ディレクションに問題なし）
・Flash（アニメーション制作可　Actionscriptについては知識レベル）

■資格
・初級システムアドミニストレーター（20xx年xx月）
・普通自動車第一種運転免許　　（20xx年xx月）

■自己PR
　大手企業の大規模販促やキャンペーンサイトの画面構成からUI設計、デザイン、HTMLの作成までクリエイティブに関わる一連のプロセスを経験しました。クライアントの要望を的確にとらえユーザー視点に立ったUI構築には、特に自信を持っております。また、デザイン面の理想を追求するだけではなく、スケジュールやコスト制約のなかで高いクオリティとユーザビリティを求められる場で仕事をすることが多く、ビジネス感覚を鍛えることができました。今後はWEBサイトに加えてモバイルサイトにも積極的に取り組んでいきたいと考えております。

※作成した作品のサイトです
http//t-***.net/

① ② ③

- 1/2 -

ここがOK

①**項目を分けてアピール**…業務に関するスキルと、ソフトに関するスキルを分けて書くと相手もわかりやすい
②**自己PRではビジネス感覚を**…デザイナーといえど、ビジネスに関するスキルは必要。ここではビジネスシーンでどうなのかをアピールしたい
③**制作物へ誘導する**…クリエイティブ職の人は、制作物とともにアピールするのが一番。WEBデザインなら制作したサイトへと誘導するのも○

[2枚目]

■職務経歴

□20xx年xx月～20xx年xx月　　ビズデザインプロジェクト株式会社

期間	担当プロジェクト	業務内容	使用ツール	メンバー/役割
20xx年xx月 ～ 20xx年xx月	・自動車会社向けWEBサイト制作（直請け） ・新車販売におけるプロモーションサイト http://a****.co.jp <達成実績> サイトオープン後の期間内 PV数目標に対し120%	画面構成 デザイン コーディング	Illustrator Photoshop HTML	5名/デザイナー <メンバー数> ディレクター1名 デザイナー4名
20xx年xx月 ～ 20xx年xx月	厨房メーカー向けキャンペーンサイト制作（直請け） ・キャンペーンサイト制作 他メディア展開も含めたプロモーション企画 http://b****.co.jp <達成実績> ユーザーアンケート 前年比10%アップ	画面設計 デザイン コーディング	Dreamweaver Illustrator Photoshop	10名/デザイナー <メンバー数> プロデューサー1名 プランナー1名 ディレクター2名 デザイナ-3名 SE　3名

□20xx年xx月～20xx年xx月　　株式会社デザインオフィス・タカ

期間	担当プロジェクト	業務内容	使用ツール	メンバー/役割
20xx年xx月 ～ 20xx年xx月	電器メーカーの携帯機器キャンペーンサイト制作 （直請け） http://c****.co.jp	画面構成 デザイン コーディング 制作進行管理	Dreamweaver Illustrator Photoshop	15名（外注5名含む）/ディレクター <メンバー数> プロデューサー1名 プランナー1名 リサーチャー1名 ディレクター2名 デザイナー5名 SE（外注）5名

以上

ここがOK

④**デザイナーはプロジェクトごとに整理**…技術職と同じく、デザイナーはプロジェクトごとに仕事を整理してみよう

⑤**見栄えにも気をつける**…センスも求められるクリエイティブ職は、職務経歴書のデザインにも一工夫したいところ。ビジュアル的なものを盛り込んでみよう

⑥**「メンバー/役割」でビジネス感覚を**…メンバーとその役割で、ディレクション能力や仕事の成長合いなど、ビジネスシーンでの能力に関するアピールをするとよい

「事務職」「販売職」の通る書き方

「事務職」は実務で、「販売職」は実績と行動で勝負

■ 事務職は経験した業務を詳細に

自分の能力やスキルをアピールしにくいのが事務・経理の職種です。実績を数字で表しにくいため、ポイントとしては、左の例のように**「職務経歴」に自分が経験してきた職務(実務)を箇条書きにします**。事務・経理の職種も専門性が高いので、能力は実務を箇条書きするだけでも採用側にある程度伝わります。

そこから差をつけるには、キャリアがあるのなら、**経営的な視点を持っているか**、若い人であれば**将来的な視点を持っているか**を盛り込みます。

とはいえ、やはり実務的なウエイトが大きい職種なので、「自己PR」の分量を多くする必要はなく、簡潔に書いてあればOKです。

■ 販売職は実績と行動に重点を置く

販売職は営業職同様、取扱い商品やサービス、対象顧客、販売方法などが重要なポイントとなり、明確に記載するようにします。**実績はなるべく数字で示し、売上成績など誇れる数字があれば積極的に盛り込みます**。

また、販売職は「こんな場合はこうする」といったマニュアルが確立された世界でもあります。マニュアルに沿えばそれなりの成果が出せる中で行ってきた**あなたなりの工夫、つまりオリジナリティを盛り込めば、強いアピールになります**。そのためには、146ページのように「自己PR」を厚めにし、あなたの仕事に対する取り組み(工夫)や成果をエピソードとして添えるのも効果的です。

■（リーダーに差しかかる年齢の）経理から経理へ（OK例）

職 務 経 歴 書

20xx 年 xx 月 xx 日現在
氏名　植田 拓美

■職務要約
　〇年〇か月、経理業務一筋に携わってまいりました。ほかにもシステム導入による業務改善や現在は係長としてメンバーマネジメントも経験しております。

■職務経歴
□199x 年 xx 月～20xx 年 xx 月　株式会社山高不動産
　◆事業内容：不動産売買および仲介　◆資本金：2億円　◆従業員数：80名

期間	業務内容
199x 年 xx 月 ～ 20xx 年 xx 月	経理部経理課　役職：なし／課長以下3名 ・伝票起票　　　　　・売掛金、買掛金の管理 ・銀行折衝・管理　　・原価管理 ・社会保険手続き　　・試算表作成 ・決算資料作成

□20xx 年 xx 月～20xx 年 xx 月　株式会社四季ハウジング
　◆事業内容：住宅・マンションの販売　◆資本金：13億円　◆従業員 200 名

期間	業務内容
20xx 年 xx 月 ～ 20xx 年 xx 月	経理部経理課　役職：係長／課長以下5名 ・会計伝票入力　　　・月次決算資料作成 ・年次・中間決算　　・税務申告書作成（法人税／消費税） ・銀行折衝・管理　　・資金繰り表作成 ・資金運用　　　　　・財務諸表分析 ・CF計算書作成　　　・メンバーの指導・教育マネジメント

■資格
・日商簿記2級（20xx 年 xx 月）
・税理士科目合格（簿記論、財務諸表論）（20xx 年 xx 月）

■活かせる経験・知識・技術
・伝票起票から始まり、月次決算／年次決算／税務申告／など経理業務全般の経験
・経理関連システム（勘定奉行）の運用知識
・メンバー教育および業務マネジメント
・PCスキル（Word, Excel, PowerPoint, Access）
・会計ソフト（PCA会計）

■自己PR
　経理実務から税務や財務まで幅広く経験を積んでまいりました。現在は、係長としてではありますが、メンバーの指導・育成にも努めております。実務に埋もれず、経営的な視点で仕事をとらえることを心がけてきました。

以上

1/1

ここがOK

①**業務の内容を箇条書きで示す**…経験してきた業務の内容を箇条書きで記載する。これで能力はある程度伝わる
②**差をつけるには実務以外の内容も**…メンバーの育成やマネジメント、システム導入による業務改善なども経験していれば、アピールになるので加えておく

■ アパレル販売（の店長）からインテリア雑貨の販売へ（OK例）
[1枚目]

職 務 経 歴 書

20xx 年 xx 月 xx 日現在
氏名　甘利　賢一郎

■職務要約
学生時代のアルバイトを含めると○年間、アパレルの小売業での経験があります。販売担当からはじまり現在は店長として店舗経営の業務全般に携わっております。近隣企業への営業施策の企画実施経験もあります。

■職務経歴
□20xx 年 xx 月～現在　タカハシジャパン株式会社
◆事業内容：紳士服・婦人服及び雑貨等の企画・製造・販売
◆資本金：○○○百万円　◆従業員数：○名

期間	業務内容
20xx 年 xx 月 ～ 20xx 年 xx 月	○○店 販売担当＝接客・販売・在庫管理業務 【実績】予算比：95%　対前年比：105% ・20xx 年 xx 月　予算達成率　○店舗中○位 ・20xx 年 xx 月　担当商品キャンペーン　○店舗中○位
20xx 年 xx 月 ～ 20xx 年 xx 月	□□店 副店長職＝販売業務、パート・アルバイト 18 名のマネジメント、店長のサポート 【実績】 20xx 年度　担当店舗年間売上：2000 万円　予算比：98%　対前年比：110% ※注力商品キャンペーン　○店舗中 1 位（○年○月） ※全店舗中、粗利額、最短在庫回転日数　3 位（○年○月）
20xx 年 xx 月 ～ 現在	○○店 店長職＝メンバーマネジメント、商品受注・販売管理など店舗運営全般 【トピックス】 　パート・アルバイトの作業ローテーションの抜本的見直しを実行／販売管理費を○％削減 【実績】 20xx 年度　年間売上：5000 万円／予算比：95%／対前年比：110% 20xx 年度　年間売上：6000 万円／予算比：99%／対前年比：105% ※全店舗中、粗利額、最短在庫回転日数／○店舗中 1 位（○年度）

■活かせる経験・知識・技術
・お客様からご指名いただけるリピーター作りと客単価向上を実現させる接客、販売スキル
・目標にこだわり「能動的に動く」チームマネジメント
・攻めの販売による営業的スタンスと行動
・業務の効率化やディスプレイの展開まで、店長経験で培った経営的視点と判断能力
・資格／普通自動車第一種運転免許（20xx 年 xx 月）

1/2

ここがOK

①**実績を自己PRで補足**…営業職同様、実績を数字で表しやすい販売職は、まず1枚目でそれをアピールし、2枚目の「自己PR」で行動（取り組みなど）の具体的な内容を補足する
②**売上実績**…売上に関する数字（実績）は、自分がかかわったことであれば詳細に記載する
③**マネジメント人数**…ビジネス感覚をアピールするためにも、マネジメント能力についての記載があればなお可。その場合は人数まで明記する

[2枚目]

■自己PR
　アルバイト時代から接客が大好きで「お客様に名前で呼ばれるようになる」ということを意識してきました。全国展開の店舗ながら、自由に商品構成や店舗レイアウトまでを任せていただけました。販売員時代から現在まで特に心がけていることは次の3つです。

　1）リピーターを増やす
　　お客様の名前と顔を覚えやすくする工夫をしたオリジナルの顧客リストを作成し、お客様と名前で呼びあえる関係作りに取り組んでまいりました。店長になってからは、メンバーにも指導しております。不利な立地の店舗でもリピーターの方を増やし売上アップが実現できました。

　2）メンバーが当事者意識と目標達成意欲を持てる組織作り
　　「どうすればもっと良くなるか」をメンバーにも徹底させ「能動的に動く」チーム作りに取り組んできました。そうして生まれたメンバー発のアイデアには○○式というように発案者の名前を付け、店長レポートなどで全国の店舗に発信してきました。

　3）　効率的かつ攻めの販売
　　・商圏・顧客・競合他社の価格などの分析をもとに商品構成を見直し、売上減少の立て直しに成功しました。
　　・近隣企業の総務部を訪問しセールを案内。セール期間中での全店舗一（全国）の達成率を実現しました。
　　・来客数の多い時間帯の作業量を削減し、接客時間を増やすことで売上向上と販売管理費の削減に成功。この取り組みで社の経営者賞をいただき、現在は全店舗で標準に採用されております。

以上

2/2

ここがOK

④**月並みな文句を使わない**…「お客様の立場に立った」などのありきたりな言葉ではなく、具体的な表現でアピール

⑤**一歩踏み込んだ工夫や行動をPRする**…取り組みについては、どう工夫してきたか、何が実現できたかなどを意識し、より具体的に記載する。自分で考え実行したオリジナリティのある行動を入れると差がつく

⑥**箇条書きで成果を示す**…数字にしにくい成果などは、箇条書きでまとめるのも効果的な方法

「リストラで転職」の通る書き方

自分の職歴のけじめをつける

■マイナス思考にとらわれない

リストラされた人の職務経歴書には、自己弁護さながらに**「解雇されたのは私のせいじゃない」と言い訳がましい内容を書き連ねる例が多々見られます**。これは明らかな**マイナスポイント**です（79ページ）。退職理由がたとえリストラであっても、採用側には応募者の一人にすぎません。その人が"どんな実務経験と能力、意欲を持っているか"に関心があるのであって、いつまでも過去を引きずっている様子がうかがわれるようでは敬遠されて当然です。

また、自己弁護するという点でいえば、自分をよく見せようと、**自分の能力を過大表現するケース**も目にします。もちろんこれもマイナスです。

■冷静な自己評価がポイント

リストラによる退職の場合、長年にわたって実績を積んできたケースが多いでしょう。それをすべて書き連ねていくと、いたずらに長い職務経歴書になって、採用側が読む気をなくしてしまいかねません。

まずは下書きとして、すべてを書き出してみて、それを整理しながら**一枚に収めることを目標に、コンパクトにまとめていくのが、よい職務経歴書にするコツです。退職理由については長々とふれる必要はありません**。リストラのことにこだわるのは、すべての面でマイナスなのです。ここは気持ちを切り替えて、とにかく冷静になり、客観的な視点で作成することを心がけましょう。

■ 営業からコンサルティングセールスへ（OK例）

職務経歴書

20xx 年 xx 月 xx 日現在
氏名　中澤　荘介

【職務要約】
メーカーでの法人を対象とした電子部品営業に○年○か月従事してまいりました。

【職務経歴】
□199x 年 xx 月～20xx 年 xx 月　株式会社阪北工業
◆事業内容：各種電子部品の開発・製造・販売
◆資本金：○億円　◆売上高：○億円（20xx 年）　◆従業員数：○名

期間	業務内容
199x 年 xx 月 ～ 20xx 年 xx 月	大阪営業所　電子部品の法人営業 【対象顧客】大手セットメーカー、アッセンブリ会社 ※既存顧客の深耕中心 【担当エリア】関西地域2府4県全域
20xx 年 xx 月 ～ 20xx 年 xx 月	東北営業所　電子部品の法人営業 【対象顧客】大手セットメーカー、アッセンブリ会社 ※既存顧客の深耕と休眠顧客の掘り起こし 【担当エリア】東北全域 【実績】平均○○社を担当／売上実績○○○○万円／年間予算目標連続達成 ・顧客先との密な連絡で、不良品発生による損害の早期発見ができ、3000万円の損失を回避できた。 ・顧客の声を製造現場に届け、商品の改善や商品企画に反映させることで売り上げ対前年比130%を実現。

【活かせる経験・知識・能力】
・経営視点からの課題発掘提案力
・人材採用の成功手法および人材を活性させる組織づくりの方法論
・製造業界の商習慣や各社の企業文化の特徴について熟知
・提案だけにとどまらない現場に飛び込んでゆく、粘り強い関係構築力
・PCスキル／使用ソフト　Word, Excel, Powerpoint, OutlookExpress

【自己PR】
　前職では製造現場との意思疎通不足を解消しながら仕事をすることで、現場に入ったコミュニケーションの重要性を実感し、在職中は特に現場とのスムーズな連携を意識して、仕事を進めてまいりました。今回、会社の業績不振によるリストラをきっかけに転職活動を始めましたが、これも良い機会だととらえ、これまでの営業経験を活かしながら、よりコンサルティングに近い領域で活躍したいと思っております。また、前職では自社の上司を巻き込んで、相手企業のトップにアプローチする手法も得意です。御社での仕事は組織の課題を発掘し、改善案を実行するところまで行えるので、とても興味があります。現場との連携やトップ相手の提案営業には自信がありますので、どうぞよろしくお願いいたします。

以上

1/1

ここがOK

① **1枚にまとめる**…経験年数が長くて分量が多くなっても、1枚に収めきるくらいの意識が必要
② **経験してきたことを整理する**…多くの経験から募集職種にマッチすることを抜き出し、ウリとなるものを中心に記載する
③ **言い訳がましい内容は書かない**…「リストラは自分のせいじゃない」というような、リストラを経験した人がやってしまいがちな言い訳は決して書かない

「アルバイト・パート」の通る書き方

本気度と持ち運びできるスキルをアピール

■ チャレンジという自覚を持つ

アルバイトやパートから正社員への求職活動を行う場合は、やはり「**不利な状況からのチャレンジ**」**という自覚は持つべき**です。しかし、ハンデを意識するあまり陥りがちなのが、実力を誇張したり、卑屈になって萎縮したりする姿勢です。どちらも決して好感は持たれません。**採用側は専門的なスキルには期待していません**。注目するところは、**あなたの本気度と持ち運びできるスキル**（74ページ）です。ハンデを補う目的で、自発的に学んでいることがあれば、本気度を伝えるポイントにもなります。また、経験の中で培われた集中力や記憶力などを、エピソードを交えて伝えるのもスキルのアピールになります。

■ 経験した職務に厚みを加える

正社員の経験がないことに、採用側が不安を抱くのも事実です。そこで、「職務経歴」に厚みを加えるために、表の中、もしくはその下に**学んだことや頑張ったことを書く項目を立てる**ことをお勧めします。経験の中で学んだ・頑張ったことからもう一歩踏み込んで、その末に気づいたこと、変われたことなどが書かれてあれば、なお有効です。

また、パートやアルバイトの人は就業感が甘いととられがちです。ですので、あなたの仕事に対する姿勢にプラスの印象を与えるためにも、**職務経歴書の構成そのものが、ビジネス文書の書式に則して、ビシッと作成されていることが肝心**です。

■ アルバイトから正社員へのチャレンジ（OK例）

職 務 経 歴 書

20xx年xx月xx日現在
氏名　山本　祐介

■職務経歴
□20xx年xx月～20xx年xx月　株式会社ヤナギレストランシステム
◆事業内容：カジュアル無国籍レストラン、高級焼肉レストランのチェーン展開

業務内容
無国籍レストラン「奄美の恵み○○店」学生時代のアルバイト 【役　割】　ホール担当／アルバイトリーダー 【職務内容】　接客・料理説明、予約対応、店内清掃、売上管理、アルバイトのマネジメント（メンバー5名） 【学んだこと、頑張ったこと、意識していたこと】 ・お客様のニーズを捉え、次回も来店したいと思っていただけるような接客 ・リーダーとして、接客マナーなどの教育指導、勤怠マネジメント

□20xx年xx月～現在　リストランテ・カスミ
◆事業内容：高級イタリアンレストラン

業務内容
学生時代からアルバイトとして勤務し、卒業後も継続して現在に至る 【役　割】　ホールマネジャー 【職務内容】　接客・料理説明、予約・リクエスト対応、店内清掃、売上管理、一部仕入先との交渉、アルバイトの採用・管理 【学んだこと、頑張ったこと、意識していたこと】 ・おいしさを増すようなメニュー説明。聴覚からおいしさを伝える表現の工夫 ・お客様の知識水準に応じた専門用語の使い分け。特に料理に詳しいお客様にはその上をいくサプライズが提供できるような知識の習得を心がける

①

■資格
・普通自動車第一種運転免許（20xx年xx月）

■自己PR
　学生時代から○年間、レストランでの接客に携わってきました。現在の勤務先では、立場はアルバイトですが、ホール責任者として、アルバイトの採用や教育を含む、ホール業務全般を任されております。また、一部仕入先との交渉など、オーナーをサポートする形で調理以外の様々な仕事も経験してきました。
　そのなかで得た強みや意識してきたことは以下の3つです。
1) あらゆるものから学ぼうをする姿勢
2) 幅広い知識の習得とサプライズの提供
3) 何事にも責任感と目標を持って取り組む

②

　直接的な経験はありませんが、お客様には医師やエグゼクティブの方もたくさんおられましたので、ご要望を引き出し、満足してお帰りいただくだけの言葉遣いや対話のコツはつかんでおります。出遅れのうえ、未経験職種へのチャレンジになりますが、早期に戦力になれるよう行動目標を立て頑張りますので、よろしくお願いいたします。

以上

③

ここが OK

① 【学んだこと、頑張ったこと、意識していたこと】を示す…「職務経歴」欄の表中、もしくは下部に、その職務で得たことを盛り込む。前向きな姿勢がうかがえる内容になればなお可
② 他の職種でも活かせそうな内容にする…「自己PR」では募集職種でも活かせそうなスキルを中心にアピールするよう心がけよう
③ チャレンジであることを認識する…不利な状況からのチャレンジあることを強調し、お願いする気持ちを込めるとよい

■ パートから正社員へのチャレンジ（OK例）
［1枚目］

職 務 経 歴 書

20xx年xx月xx日現在
氏名　近藤　由理子

■職務経歴
□20xx年xx月～20xx年xx月　スーパーハシコウ株式会社（学生時代のアルバイト）
◆事業内容：日用品・食品小売り（スーパーマーケット）

期間	業務内容
20xx年xx月 ～ 20xx年xx月	○○店　食品売場 【職務内容】 接客、レジキャッシャー、商品の補充と発注、品出し

【学んだこと、がんばったこと、意識していたこと】
・声かけのコツや陳列ノウハウ
　　声のかけ方や陳列方法一つで、お客様の反応や流れが面白いように変わることを知り、様々なパターンを試してみたり、周りの先輩やメーカーの方に暇があれば、コツを聞いたりしていました。……①
　　烏龍茶のキャンペーンでは、私のディスプレイ案が採用され、期間売上目標に対し200%の売上を達成しました。……②

□20xx年xx月～現在　株式会社タカハシヤ（パート社員）
◆事業内容：雑貨専門店

期間	業務内容
20xx年xx月 ～ 現在	○○店　文房具売場 【職務内容】 接客、レジキャッシャー、ラッピング、品出し、発注、在庫管理

【学んだこと、がんばったこと、意識していたこと】
・わかりやすく、ためになる説明を心がける
　　あるお店にプリンターを買いに行き、よくわからずにとまどっていたところ、販売員の方からコンシェルジュのようなとてもわかりやすくためになる説明を受けたことがあります。
　　自分も「あのような説明ができるようになりたい」と思い、お客様から受けた相談や質問は必ず記録し、わからないことは、人に聞くか調べて、次回には答えられるように心がけてきました。

・提案型販売を心がける
　　お客様には積極的に働きかけ、ご要望に合った商品のご提案ができるよう努めてきました。私のお薦めした商品を手にされレジに向かわれるお客様が、「役に立ちました、ありがとう」と言葉をかけてくださることを励みに、日々の仕事に取り組んでおります。……③

1/2

ここが OK

① 【学んだこと、頑張ったこと、意識していたこと】を記載…アルバイトのケース同様「職務経歴」に厚みを持たせるためにも記載しておく
② 数字にできることは　積極的に…正社員の経験がないながらも、数字にできそうな成果があれば積極的に盛り込むよう努力する
③ エピソードを交えて…具体的なエピソードを交えながら、学んだことに加え、気づけたことや、変われたことなども織り込めればなお可

[2枚目]

・社員の方への勉強会の実施
　ラッピングが得意で、文房具に適したラッピングを勉強し、売場で展開したところ好評を得たため、全体のラッピングの仕事を任せていただけるようになりました。業務終了後にはラッピング勉強会を実施し、売場全体でノウハウを共有しました。パート社員でも、決められた仕事以外で評価をいただけたことがとてもうれしく、励みになりました。 ④

■資格
・普通自動車第一種運転免許（20xx年xx月）

■自己ＰＲ
　パート社員としての経験しかありませんが、任された仕事をただこなすだけでなく、何でも機会ととらえ、主体的に取り組んできました。社員の方に向けたラッピングの勉強会を自ら企画し、好評をいただいたこともあります。また、新商品の情報は、誰よりもいち早く詳しくなれるように頑張ってきました。そうすることで、業務に必要な知識や情報を短期間で覚えることにも自信が持てるようになりました。 ④ ⑤
　未経験の分野での出遅れスタートとなることは覚悟しておりますが、持ち前のバイタリティで一刻も早く戦力になれるよう頑張りますので、ぜひよろしくお願い申し上げます。

　　　　　　　　　　　　　　　　　　　　　　　　　　　　　　以上

ここがOK

④**正社員と変わらない働きはぜひ記載**…パート社員であっても、正社員並みの働きをしていることがあればぜひ盛り込んでおこう
⑤**持ち運びできるスキルをアピール**…アルバイトのケース同様「自己PR」では他の仕事でも活かせそうな内容をアピールしよう

Column 採用現場のホンネ

採用担当者の"裏"をかく

モノの世界ではよく「○○社の製品はデザインはいいけど壊れやすい」のように会社やブランドに対し思い込みが生まれてきます。それらイメージはいいものばかりではありませんが、これが実は「ヒト」のキャリアの世界にもあるのです。

採用担当者は、たいてい応募書類の出身校や勤務先を見て「○○大の○○科の出身者は少し変わってる人が多い」「○○社の人は主体的で優秀だが、やや自己主張が強い」のように、自分の価値観を当てはめ、人物イメージを勝手に想像します。そしてそれはキャラクターにとどまらず、「○○社に3年勤めたのならこれからもとても成長できるはずなのに、なぜ今辞めるの？」のように、時として転職理由や志望理由にまでおよぶことがあります。そして面接で、事前に描いた思い込みを確かめようと臨んでくることが少なくないのです。

このことからもわかるように、採用側が応募書類で一番気にするのは「事実」です。つまり、どこの学校を出てどんな会社で働いてきたか、という「ヒストリー」なので、自己主張などはおまけにすぎないのです。だから、自己PRばかり目立つ書類を見ると鼻についていらいらしてくるのです。「どんなことを思っているか」ではなく、「何をやってきて、何ができるか」が一番知りたいのです。その実情をふまえ、応募者が、準備しておくべきことは、自分の書類を見た相手はどんなことを想像して臨んでくるのか、を考えておくことです。さらに、できるなら**相手の期待をいい意味で裏切るようなサプライズ**を提供できないか、ということまで考えておきたいものです。

PART 7
添え状の書き方と書類の提出のしかた

自分をアピールするのは履歴書・職務経歴書だけではない！ このパートでは添え状、封筒の書き方など、ビジネスシーンで求められるマナーを網羅！ 最後までぬかりなく！！

「添え状」はただの「送り状」ではない

好感の持たれる添え状のポイント

■「添え状」はつけるのが大原則

ビジネスの現場では、書類を送るときに「送付案内」「送り状」と呼ばれる書面をつけるのが通例です。送付内容に漏れがないか確認するために〝カタログ１冊〟〝見積書１通〟などと記すのは、ビジネスマナーとされています。

応募書類が「履歴書、職務経歴書」とあっても、**添え状をつけるのが常識**と考えてください。文例は、オーソドックスなものでかまいませんが、パソコンで作成する場合はB5、またはA4の白紙で１枚に収めます。

応募先の会社名・宛先（採用ご担当者様）など、あなたの住所・氏名・電話番号を記載し、「応募書類の送付について」などとタイトルを記したうえで、本文を書いていきます。

■履歴書と職種経歴書を補定

添え状はマナー上欠かせないものですが、単なる送り状とはいえない側面を持っています。つまり、書類を見てもらう前に、**一言添えたい内容がある場合、この添え状を有効に利用**できます。たとえば「応募資格の年齢制限を少しオーバーする」「職歴にブランクがある」「規定より経験年数が少ない」などの場合、それでもあえて応募する熱意や理由を書いておくべきです。

ただ注意したいのは、志望動機や自己ＰＲを長々と書き連ねたり、退職理由をくどくどと書き散らしたりして、文章が長くなってしまうことです。あくまで添え状なのでここでのアピールや事情の説明は控えめにしましょう。

「添え状」を120%活用する

■「添え状」のメリットと書き方のポイント

あなたのビジネスマナーをアピール

▶多くの人が添え状をつけずに応募書類を提出する。故にビジネスの場で必要とされるカバーレター（添え状）をつけること自体、あなたのビジネスマナーのアピールにもなると考えよう。

弱点をフォローできる

▶添え状をただの「送り状」にしてしまってはもったいない。特に「年齢オーバーの可能性がある」「職歴にブランク」「経験年数が少ない」など応募に関してマイナスポイントがあれば、「それでもなぜ御社に応募したいのか」という理由や熱意を伝える場にしてみよう。採用担当者の応募書類を見る意識が変わってくる。

添え状（カバーレター） ＝ 挨拶 ＋ 自己PR

添え状を書くときのポイント

■パソコンで横書き
基本はパソコンで横書きにする。手書きでもOK。手書きなら縦書きでもよい。

■サイズはB5かA4で
履歴書や職務経歴書の大きさに合わせて、B5またはA4の白無地の用紙を選ぼう。一筆（いっぴつ）せんは正式なビジネスレターには使わないので注意。

■「です・ます」調で
文体は「です・ます」調で書く。敬語の使い方や言い回しに気をつけよう。

■1枚に収める
数枚にわたって長々と書くのはNG。添え状は「自分に注意を向けてもらう」程度と考え、1枚の用紙に収めよう。

■熱意と志望理由を入れる
ただの形式的な添え状で終始するのではなく、応募に向けた気持ちと理由を織り込もう。

■キーワードを入れる
担当者の目を引くキーワードを入れる。採用に有利と思われる資格や経験を持っているならば、ふれておくのもよい。

ケース別「添え状」の基本例

手順をふんで簡潔にまとめる

■ 添え状の基本スタイル

添え状をつけることは、**あなたのビジネスの場でのマナーや感覚を相手（採用担当者）に訴えるためのプラス材料**と考えましょう。

しかし、その基本的な書き方がなっていないと、いうまでもなくマイナス要因に早変わりしてしまいます。そうならないためにも添え状作成にあたっての基本的な構成やルールをしっかりと押さえておく必要があります。

添え状の構成は、ほぼ次の順序・内容になります。

① 宛先、氏名、住所、電話番号、日付

書類の宛先を左上に、あなたの氏名・住所・電話番号、送付の日を右上に記載します。

② タイトル

「応募書類の送付について」「営業職求人への応募の件」など、適切なタイトルをつけます。

③ 頭語、前文

「拝啓　貴社ますます～」というビジネス文書の定型句です。

④ 応募した経緯・希望職種
⑤ 簡単な志望動機・自己PR
⑥ 採用検討・面接のお願い

この④～⑥の3項目が、添え状の「本文」になります。

⑦ 結語

「拝啓」に対する結語「敬具」などを右下に記し、文章を締めます。

ただ、志望動機や自己PRは履歴書や職務経歴書にも書いてあるので、簡潔な表現で短くまとめるとよいでしょう。

「添え状」の7つのポイント

■ ベーシックな添え状とは

① 宛先、氏名、住所、電話番号、日付
② タイトル
③ 頭語、前文
④ 応募した経緯・希望職種
⑤ 簡単な志望動機・自己PR
⑥ 採用検討・面接のお願い
⑦ 結語

① 部署名ならば「御中」、個人名ならフルネームで「様」をつける。募集要項に指定がなければ、「人事採用ご担当者様」とする。

① 履歴書・職務経歴書の日付と同じ、提出する年月日を入れる。

② 何についての書類なのかを明記。(「応募書類の送付について」「デザイナー募集への応募の件」「営業職求人への応募の件」など)

③ 頭語と時候の挨拶から始める。「前略」は失礼なので不可。

④ どの媒体に掲載された求人広告を見て応募したのか、媒体名・掲載日を書く。また、何の職種を希望するのかも明記。

⑤ 簡単な自己PRと志望理由を入れる。「履歴書」「職務経歴書」に興味を持って見てもらうための必須項目。

⑥ 「履歴書」「職務経歴書」を同封したことを伝え、面接の機会を設けてもらうようお願いする文章を入れる。

⑦ 最終行の右端に結語を入れる。

○年○月○日

株式会社ウッドコーポレーション
総務部人事課採用係御中

〒100-00○○
東京都千代田区霞が関○丁目○番地○号
渥ハイツ103号
電話／03-1234-56○○
新田 友人

販売職求人への応募の件

拝啓　貴社ますますご清栄のこととお喜び申し上げます。
　さて、○月○日付の「朝夕新聞」紙上にて、貴社の求人広告を拝見し、セールスアドバイザーとして選考していただきたく存じ、応募させていただきます。
　私は、平成○年に日洋インテリア株式会社に入社し、輸入家具の販売に携わってきました。平成○年に売り場のマネージャーに昇進したのを機にインテリアコーディネーターの資格を取得し、以来、お客様のお宅をトータルコーディネートすることを目標に提案型の販売を行ってまいりました。
　ヒアリングからお客様のニーズを引き出し、販売に結びつけるスキルを貴社で活かしながら、新たなキャリアを積みたいと存じます。
　つきましては、履歴書と職務経歴書を同封いたしましたのでご高覧ください。
よろしくご検討のうえ、ぜひ面接の機会をくださいますようお願い申し上げます。

敬具

異業種から応募する人の添え状

〇年〇月〇日

株式会社 ヒュージコンサルティング
総務部人事課
紺 聡様

〒150-0013
東京都渋谷区恵比寿〇丁目〇番地〇号
大黒コーポ501号
電話／03-1234-56〇〇
土屋 郁男

組織コンサルティング職への応募の件

拝啓　時下ますますご清祥のこととお喜び申し上げます。
　先日、〇月〇日付「首都新聞」にて貴社の求人広告を拝見し、組織コンサルティング職に応募させていただきたく、応募書類を送付いたします。

　私は、上東大学工学部を卒業後、ビット株式会社に入社いたしました。以後、〇年間、システムエンジニアとして、企業や官公庁の人事に関連したシステム開発を主に担当してまいりました。システム開発に必要不可欠だった制度や組織づくりについての知識を学ぶうちに、組織そのものに関わる仕事に強い興味を持つようになり、転職を決意しました。また、業務を通して、論理的思考力が培われたと自負しております。分野は異なりますが、これまでに得たノウハウや経験を活かし、組織コンサルティングとして、貴社に貢献させていただければ本望です。

　つきましては、履歴書と職務経歴書を同封いたしましたので、ご高覧くださいませ。ぜひ、面接の機会を与えていただけますよう、ご検討のほどよろしくお願い申し上げます。

敬具

POINT
- 応募先の職種に合いそうなキーワードを盛り込む。上の例は、組織コンサルティング職への応募なので「企業や官公庁の人事に関連したシステム開発」をキーワードとして盛り込んでいる。
- 異業種転職の場合は、「なぜ業種を変えたいのか」が採用側の知りたいところ。その理由づけを上例では、「制度や組織づくり」という、応募職種にマッチした内容で述べていてよい。

同業から応募する人の添え状

○年○月○日

株式会社シンセイ損保
総務部人事課
家田保様

〒160-0004
東京都新宿区四谷○丁目○番地○号
電話／03-1234-56○○
杉本 正路

営業職求人への応募の件

拝啓　時下ますますご清祥のこととお喜び申し上げます。
　先日、求人誌『From B 地点』にて貴社の求人広告を拝見いたしました。営業職に応募させていただきたく、応募書類を送付いたします。

　私は、新卒として森のハウス株式会社に入社し、○年間、主に高額所得者層の個人顧客への営業業務に携わっておりました。最も意識してきたことが、単に家という器を販売するのではなく、顧客に対する資金や資産面でのライフプランナーとしてお役に立つということです。様々な顧客と資産などについての意見を交わすうちに、よりライフプランナー的な視点を活かせる保険業界に興味を抱くようになりました。家と保険で商品は異なりますが、富裕層の方々の抱える悩みや問題は理解しており、その経験は貴社の事業でも、必ず活かせるものと自負しております。

　経歴の詳細につきましては、同封いたしました履歴書と職務経歴書にてご確認いただければ幸いです。面接の機会を賜りますよう、なにとぞ、ご検討をよろしくお願い申し上げます。

敬具

POINT

- 「コミュニケーション能力」などのありきたりなフレーズは使わないよう意識し、行ってきた営業活動の中での接点をアピールするとよい。上例では富裕層を顧客としてきたことをアピールしている。
- 同業種への転職ということで、とかく「前職のここが物足りなく」といった批判の内容を書きがち。転職理由は「よりライフプランナー的な視点が活かせる保険業界に興味を…」のような前向きなものにしたい。

キャリアの浅い人・第二新卒の添え状

〇年〇月〇日

株式会社品川事務機器
総務部人事課
須賀耕作様

〒194-0023
東京都町田市旭町〇丁目〇番地〇号
電話／03-1234-56〇〇
細野 研一

応募書類の送付について

拝啓　陽春の候、貴社におかれましては、ますますご清祥のこととお喜び申し上げます。
　このたび、情報誌『WAKUWAKU ワーク』〇月〇日号にて、貴社の求人広告を拝見いたしました。営業職として応募させていただきたく、応募書類を送付いたします。

　私は、新卒として自動車販売業界に入り、個人を中心とした営業業務に携わってまいりました。まだまだ営業として十分なキャリアがあるとは言えませんが、リピート率やお客様紹介の多さで営業所トップの実績をあげてきました。継続的な顧客との関係構築が最大の強みだと認識しており、その強みをより活かせる法人営業への転向を目指しております。販売する商品の分野は異なりますが、機会を与えていただけるなら、貴社の営業活動に貢献できるよう全力で業務に邁進する所存です。

　私の経歴の詳細につきましては、同封の履歴書および職務経歴書をご高覧くださいませ。面接の機会をいただけましたら幸いでございます。なにとぞ、よろしくお願い申し上げます。

敬具

POINT

- 背伸びした内容を意識して外すようにする。「営業としてはまだ十分なキャリアはあるといえませんが…」などと謙虚な気持ちで臨んでいるということを忘れないようにアピールしたい。
- ここでのアピールは「やってきた事実を簡潔に」を心がける。キャリアの少ない人が、多くを書き込もうとすると、抽象的な内容になりがちなので注意。アピールは職務経歴書で、ぐらいの意識で書くとよい。

派遣社員をやっていた人の添え状

○年○月○日

株式会社オノシン
総務部人事課
野口英吉様

〒111-0032
東京都台東区浅草○丁目○番地○号
浅草コーポ202号
電話／03-1234-56○○
荻野桃子

応募書類の送付について

拝啓　貴社におかれましては、ますますご清祥のこととお喜び申し上げます。
　先日、求人誌『Say Shine!』にて貴社の求人広告を拝見いたしました。事務職に応募させていただきたく思っております。

　私は現在、株式会社アイスタッフジャパンの派遣社員として、精密機器メーカーで事務・経理の仕事をしております。派遣社員としてですが、事務の経験は通算で○年間有しており、事務で必要とされるPCスキルは一通り身につけております。煩雑で細かい業務をたくさん経験してきた中で、効率的で正確な事務処理には自信が持てるようにもなりました。
　また、私は気働きのようなことが得意で、周囲のために何ができるのかを考えながら日々の仕事に取り組んでまいりました。
　今後は、長期にわたり社員として働けることを強く願っております。

　経歴の詳細につきましては、同封の履歴書と職務経歴書にお目を通していただければ幸いです。ぜひ、面接の機会をお設けくださるよう、お願い申し上げます。

敬具

POINT

- 派遣社員として働いてきた人は、「通算○年経験」のように経験した職種を経験年数とともにまとめて見せるとよい。そうすることで、自分の能力についてのアピールに説得力が増すようになる。
- 派遣社員から正社員に応募する場合は、スキル以外に、社員として求められる責任や広い視野についてのアピールもしておきたい。この例のような「気働きが得意」といったワードを盛り込むのは○。

ケース別：志望動機・自己PR

年齢オーバーの人

　本日、貴社の求人の件でお電話いたしました□□□□と申します。この度は選考対象者として考えていただけるご配慮に、心から感謝しております。
　私は、システムエンジニアとして10年間の経験があり、要件定義から実装、テストなど一連のプロセスに精通しております。また、現在はプロジェクトリーダーとして、プロジェクト全体のマネジメントも手がけております。この経験は貴社の開発プロジェクトでも十分に活かせると思い、応募させていただいた次第でございます。

▶募集要項を見て年齢面でズレを感じるときは、上記のように事前に問い合わせる方法もある。その際は、応募できることについての感謝の気持ちを盛り込んでおくとよい。「年齢オーバー＝経験が豊富」ということを、採用担当者にアピールするのもプラスの要因となる。

ブランクのある人

　私は○○大学を卒業後、株式会社●●商事の第一営業部にて5年間、新規顧客開拓を中心とした営業活動をしておりました。その後、友人の誘いもあり、オーストラリアで留学生のサポートをする仕事に1年間従事しておりましたが今回、家庭の事情で東京に戻ることとなり、転職活動をしております。
　5年間の営業経験で、営業に必要とされる基本的なスキルは身につけております。また、海外生活で鍛えた英語力は、グローバルに事業を展開されている貴社でも活かせるものと考えております。

▶ブランクのある人は、まずブランクについての説明を行い、さらに「なぜこの職種に応募してきたか」の理由づけも添えられている文章にしたいところ。ブランク期間中の経験や復職のため学んでいたことなど、応募職種にマッチしそうなことは、その理由づけとして盛り込むようにしよう。

🖋 転職回数が多い人

> 　私は、これまで営業職や販売職など、複数の職務を経験してきました。なかでも事務職は、通算で8年間の経験を有しております。その間、事務で必要とされる実務に関する知識やスキルはもちろん、現職では係長としてメンバーマネジメントの経験を積んでおります。今回、現職で業績不振による希望退職を実施する計画が発表されたことを機会に、再度将来を考えて応募させていただきました。
>
> 　貴社でこれまでの経験を存分に発揮し、即戦力として働けることを熱望しております。また、今回の転職を最後に、貴社でキャリアをまっとうしたいと考えております。

▶転職歴が多い人は、採用担当者から「仕事をすぐ辞めるのでは？」と考えられがちなので、「長く働いてくれそう」「もう転職はしなさそう」と思わせる内容にする必要がある。また上記のように、マイナス要因をフォローするためにも、やむをえない退職理由があれば、積極的に盛り込むようにしよう。

🖋 フリーターの人

> 　私は、大学在学中から6年間、レストランでの接客に携わってまいりました。現在の勤務先は本を読んで感銘を受けたオーナーにお願いして働かせていただいたところです。
>
> 　小規模のオーナーレストランのため、アルバイトではありますが、今ではホールの責任者をまかされております。また、お客様の中にはエグゼクティブの方も多く、そのようなお客様の対応も十分心得ているつもりです。この経験は貴社でのドクターを対象とした営業の場でも活かせるものと考え、応募させていただいた次第でございます。正社員の経験はありませんが、早期に戦力として働けるよう努力いたします。

▶フリーターの場合は経験がない（浅い）ぶん、前向きな姿勢を感じさせる内容にしよう。ただ「頑張ります」「やる気だけは負けません」などと抽象的な内容で終わらせるのではなく、学んできたことや経験してきたことで、セールスポイントとなるものを具体的に書いておくとよい。

POINT　マイナス要因は添え状でもフォローを

「ブランクがある」「転職歴が多い」など、応募する際にマイナス要因があると思ったら、履歴書・職務経歴書だけでなく、添え状でもフォローしておきたい。上の例を参考に、マイナス要因をカバーする経験や熱意、チャレンジ精神を説得力のある内容で伝えるよう努力してみよう。

応募書類は持参？郵送？

求人内容の指定によって提出方法を変える

■「持参可」なら持っていこう

応募書類の提出にあたっては「郵送」と指定されていれば、郵送に限ります。「郵送または持参」の場合は、なるべく**持参したほうがポイントは高い**といえます。

というのも、求人のケースや会社の規模によっても異なりますが、採用担当者と簡単な面談ができるかもしれないからです。また、あなたの印象や熱意を応募先に直接伝えられるのも、大きなメリットです。

持参する場合は、事前に電話連絡し日時を確認するのが基本ですが、持参日に面接を行う場合もあるので、そのことも確かめてから準備しておきます。また、身だしなみは面接の有無にかかわらず、整えていきましょう。

■ 持参の場合は折らずに提出

郵送の場合は、応募書類を三つ折りにし定型封筒に入れて送ってもかまいませんが、持参するならB5やA4の白無地封筒に折らずに入れたほうが好印象といえます。

また、その場で中身を確認されるケースもあるので、持参する封筒には封をしないほうがよいでしょう。「むき出し」や「前職（または在職中の会社）の封筒を使う」のはマイナスな印象を与えるので控えます。

郵送、持参ともにいえることですが、書類の入れ方は、封を開けたときに「添え状」「履歴書」「職務経歴書」の順で見られるように入れておきます。郵送の場合は料金不足でないか最後に重さを量るようにしましょう。

応募書類の提出のしかた

郵送する場合

募集要項に「郵送」とあれば…

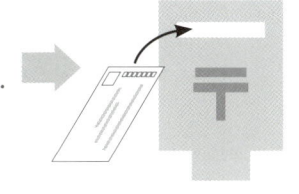

郵送でOK
▶封筒は書類を三つ折りにする定形、折らない定形外、どちらでもよい。郵送なら「○月○日必着」なのか「○月○日消印有効」なのか、事前に確認しておこう。

持参が好ましい場合

募集要項に「郵送または持参」とあれば…

持参する
▶提出する際に担当者と直接話せたり、簡単な面接を行ってくれたりする。

[持参する際の注意点]

① 持参する日時を電話で確認する。併せて面接の有無も尋ねておく。

② 持参であっても「添え状」をつける。忘れがちなので注意。

③ 応募書類は折らずに、B5またはA4が入る白無地封筒に入れる。

④ 封筒には何も書かない。また、すぐ出して見られるよう封はせずにそのままでOK。

⑤ 面接の有無にかかわらず男性はスーツ、女性ならスーツかジャケットで訪社する。

⑥ 担当者と話せたり面接を行ってくれたりしたときは、その日のうちに礼状を書き、なるべくすぐ送る。

封筒への入れ方には順番がある

▶担当者は①②③の順に読むので、郵送も持参も、封筒を開けたときにその順序で見られるように入れておく。順番がばらばらだとビジネスマナーを疑われるので注意。

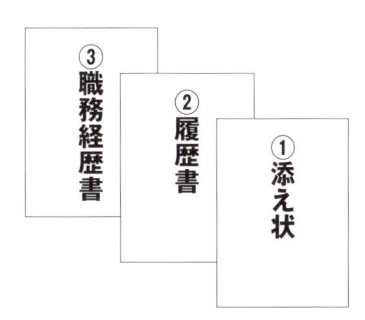

① 添え状
② 履歴書
③ 職務経歴書

送付の際に注意すること

封筒の書き方や郵送のしかたに気をつける

■ 宛名、社名は略さず正確に

市販の履歴書には封筒がついています。定形と定形外ものが入っている場合、基本的にはどちらを使ってもかまいません。中にはB5やA4サイズの定形外にして、応募書類を折らないように送らなくては…と、無駄な気を遣う人もいますが、**折る折らないで選考結果が左右することはない**ので、神経質になる必要はありません。

ただ書き方には、それなりのルールがあるので気をつけましょう。郵便番号、宛先は正確に記入し、会社名も「株式会社」などと正式に書き、「(株)」と略さないようにします。また、宛先が「人事課」など部署の場合は〝御中〟とするのが常識です。

■ ケースに応じて送付方法を考える

市販の履歴書についている封筒には「応募書類在中」などと赤字で印刷されています。白無地の封筒を使う場合は、同様に赤字で「**応募書類在中**」と記し、線で四角く囲っておき**ます**。先方での封書の仕分けを考えても、それがマナーなので注意してください。

また、クリエイティブ職の求人では、作品の提出が求められる場合があります。デザイン系は過去の制作物を、企画系は企画書を提出することが多いようです。企画書を提出する際は、その企画が進行中のものでないか、また社内機密にかかわっていないかに気をつけましょう。情報を簡単に漏らす人といった評価をされてはもったいなさすぎです。

ケアレスミスは致命傷！

■ 送付封筒の書き方

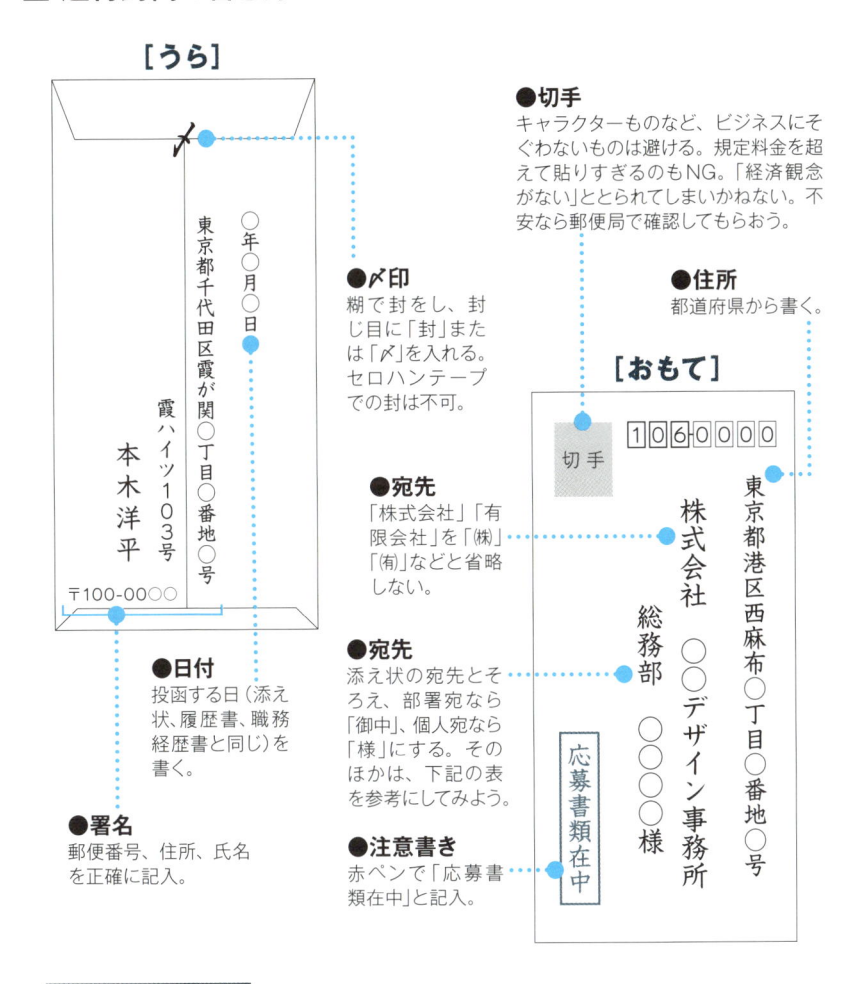

[うら]

〒100-00○○
東京都千代田区霞が関○丁目○番地○号
霞ハイツ103号
本木洋平
○年○月○日

[おもて]

〒1060000
東京都港区西麻布○丁目○番地○号
株式会社　○○デザイン事務所
総務部　○○○○様
応募書類在中

●切手
キャラクターものなど、ビジネスにそぐわないものは避ける。規定料金を超えて貼りすぎるのもNG。「経済観念がない」ととられてしまいかねない。不安なら郵便局で確認してもらおう。

●〆印
糊で封をし、封じ目に「封」または「〆」を入れる。セロハンテープでの封は不可。

●住所
都道府県から書く。

●宛先
「株式会社」「有限会社」を「㈱」「㈲」などと省略しない。

●宛先
添え状の宛先とそろえ、部署宛なら「御中」、個人宛なら「様」にする。そのほかは、下記の表を参考にしてみよう。

●日付
投函する日（添え状、履歴書、職務経歴書と同じ）を書く。

●署名
郵便番号、住所、氏名を正確に記入する。

●注意書き
赤ペンで「応募書類在中」と記入する。

宛名敬称の表記一覧

会社名・部署名	○○株式会社　総務部人事課採用係御中
個人名（役付き）	○○株式会社　人事部長　○○様
個人名（肩書きなし）	○○株式会社　○○様
部署・役職・担当がわからない場合	○○株式会社　人事採用ご担当者様

時間をおいて読み返してみる

提出書類の最終チェック

■ 提出は急がず、じっくり再確認

応募書類は、いったん提出してしまえば取り返しがつきません。**郵送、持参の前に必ず入念な最終チェック**をしておきましょう。

時間に余裕があれば履歴書・職務経歴書・添え状を作成してから、しばらく時間をあけます。書いているときは思い込みが入りがちで、たいてい誤字や文章のミスに気づかないものです。頭を切り換えて、新鮮な気持ちで見直したほうが、冷静に見ることができ、よりよい応募書類の作成にも有効です。

特に卒業、入社、退社など、年月や期間はミスしがちなポイントなので、もう一度、年月の早見表などを使って、間違いがないか念を入れてチェックしておきましょう。

■ 面接の準備に

履歴書・職務経歴書・添え状は、**提出前にコピーをとっておきましょう**。これは、面接に備えるためや次の求職活動のためです。

当然のことながら、面接に進めば、採用担当者は応募書類を見ながら質問していきます。そのときに記憶があいまいでは、印象が悪くなってしまいます。そのためにも、応募書類のコピーは手元にとっておき、面接には読み返してから臨みましょう。

特に、複数の企業に応募している場合には、志望動機やアピールポイントを整理しておく必要があります。応募企業によって、履歴書、職務経歴書を書き分けているときには、それをしっかり頭に入れておきましょう。

送付前の最終チェックポイント

■ 書類を送る前に…

✒ 応募書類と封筒を準備できたら、あとは送るだけ…。
でも、ちょっと待って！ 念には念を入れ、もう一度最終確認をしておこう。

[添え状・履歴書・職務経歴書]　CHECK ✓

- 誤字・脱字はないか ☐
- 氏名・日付が書いてあるか ☐
- ３つの書類の日付が同じか ☐
- 履歴書の写真がきちんと貼られているか ☐
- 入学・卒業・入社・退社の年月や期間は正しいか ☐
- レイアウトのバランスはよいか ☐
- キーワード・接点は入っているか ☐
- コピーはとってあるか ☐

※チェックポイントについては35ページ（履歴書）と89ページ（職務経歴書）も参考に。

[封筒]　CHECK ✓

- 前の、もしくは今の会社の封筒を使っていないか ☐
- 郵便番号・住所・送付先部署名は正しいか ☐
- 宛先に「様」「御中」など正しい敬称をつけているか ☐
- 郵送の場合、赤ペンで「応募書類在中」と書いてあるか ☐

[その他]　CHECK ✓

- 「添え状」「履歴書」「職務経歴書」の順で入れているか ☐
- 封じ目に「〆」または「封」と入れているか ☐
- 郵便料金（切手）の過不足はないか ☐

チェック欄はすべて埋まりましたか？
それでは、投函しましょう！

Column 採用現場のホンネ

ズバリ回答！ 応募書類Q&A

Q 資格を持っていないので、履歴書の資格欄がいつも空白になってしまいます。何か書いておいたほうがよいのでしょうか。

A 無理して書く必要はありません。仕事に就くために何か受講していたり、募集職種に活かせそうなことを勉強したりしていれば、書いてもかまいませんが、その場合は必ず「受講中・勉強中」と明記してください。

Q ベースアップをしたいので、希望収入額を書きたいのですが、一般的には書かないほうがよいとされているので、悩んでしまいます。

A 本気で伝えたいのであれば書いてもかまいません。しかし、日本の会社の場合は、書いてプラスになることはあまりないと考えておいたほうがよいでしょう。もっといえば、多くの会社はあらかじめ提示する金額が決まっているので、無意味なケースが多いのです。

Q 熱意を伝えるには、やはり志望理由を熱く書くほうがよいのでしょうか。

A 志望理由を熱く書くのは別に悪いことではありません。ただ、志望理由や自己PRを熱っぽく語る人の書類を見ていると、文章が長く、余計な言葉が入っているものが多いので気をつけてください。抽象的な内容、評論的な表現などをなるべくそぎ落として「なぜこの会社で働きたいのか」を簡潔にまとめられるようにしましょう。「一般論にしない」「使い回しができるようなものにしない」意識も必要です。

Q 募集年齢をオーバーしているのですが、応募できますか。

A 改正雇用対策法で募集の際の年齢制限は原則禁止となり、法的にも応募を妨げる障壁はありません。とはいえ実際には、採用側は任せたい仕事に最適な年齢層を想定しています。ので応募側としては、想定年齢層を含め、仕事内容を想像して「イメージされる年齢層とは異なるかもしれませんが、ぜひチャンスをいただきたい」のように謙虚にチャレンジすることが大切です。応募先からクレームがくるわけではないので、あきらめることはありません。

り込む」意識を控え、相手が求めていそうなものと、自分の性格やそれにともなう行動を照らし合わせてみることです。その中で、自分の強みになりそうなものをなるべく一つに絞って書くとよいでしょう。

Q 書類審査の合否の連絡が来ない場合、こちらから連絡してもOKですか。

A 連絡をするのは問題ありません。応募締切り日から、1週間〜10日が経って連絡がない場合は問い合わせるとよいでしょう。問い合わせるときの文は「その後、ご検討の結果はいかがでしょうか。もし、結果が出ていましたら、お知らせいただけると幸いです」のようにシンプルな内容にしましょう。ただ、応募締切りから一か月を過ぎても連絡がない場合は、望み薄と思って次の応募に頭を切り替えたほうがいいかもしれません。

Q 自分の性格を書くのが苦手なのですが、どうすれば照れずに、ポジティブに書けるでしょうか。

A 性格については、やはりポジティブに書くべきです。照れないで書くコツは「売

おわりに

人の転職理由は実にさまざまです。不満が爆発、本当はもっと働きたいけれど何かの理由で働けなくなりそう、思っていたような会社ではなかった、いやになった、早めに軌道修正しないと取り返しがつかなくなる…。これらのケースの方に共通しているのは、転職活動を始めたころには、その思いとは裏腹にやりたいことを見つけそれを目指している人が、意外に少ないことです。

また一方で、あきらめきれない夢を追いかけていたが…、という出戻り転職も増えています。いったんは無難に就職したものの漫画家やミュージシャン、馬の調教といった好きなことを仕事にしようと、一念発起しその世界に飛び込んだが、現実に直面するうちに長く働くイメージを描けず、また戻ってきてしまうパターンです。この場合の転職活動は少々へこみがちで、なかなかテンションが上がらないものです。

しかし、どんな理由であれ今のあなたには転職へのエネルギーが生まれようとしているのですから、どうかこの湧き上がってきたパワーを無駄にせず、上手に活かしてください。ちょっとの時間でいいので、自分と向き合ってほしいのです。応募書類の作成は、手続きなどと考えるとうっとうしいだけですが、自分自身のパンフレットを作るイメージで、これまでの仕事やさまざまな場面で鍛えてきた力を発掘してください。どんな人にも仕事で鍛えてきた能力があります。本書のコツを活かし書類を作ればそれは必ず見つかるはずです。

最後に一言。

応募書類を作成するうえで一番大事なことは、何といっても「思いを込めて書く」、これにつきます。「通る応募書類を作ること」と、おいしい料理を作ることは同じ」ということです。

一見まったく異なるもののようですが、根底は一緒です。

料理をおいしく作るにはどうすればいいですか？　こんな質問を有名なシェフにしたところ、私の知る限り返ってくる答えはほぼ間違いなく同じです。それは「食べる人の笑顔を想像し、愛情を込めて作る」です。「気持ちを込めて作った料理はおいしい」とも答えられます。

なぜでしょう。それは「丁寧に作るから」だと私は思っています。分量やタイミング、よい素材を使うことも大事です。しかし、それも食べる人に喜んでもらいたいから、手を抜かずにきちんと計量し、下ごしらえをするという「相手を思って丁寧に行動」するというところに集約されます。これが応募書類にもあてはまるのです。思いを込めて作成し丁寧に書かれたものは、不思議と読んでいて伝わってくるものです。

では、そんなことを偉そうに記述している本書がどこまで丁寧に書けているかのご判断はお任せしますが、私なりに精一杯「もったいないをなくしてほしい」という思いを込め、持っているノウハウを出し尽くしたつもりです。あとはあなたご自身の行動です。ぜひよい出会いを実現させてください。

細井智彦

著者

細井智彦 ほそい ともひこ

1960年京都府生まれ。同志社大学文学部心理学科卒。転職エージェント最大手の株式会社リクルートキャリア面接コンサルタントを経て独立。転職希望者向けセミナー受講者はのべ10万人超。6000人の転職希望者を内定に導いた実績から「日本一面接を成功させる男」と呼ばれる。企業(面接担当者)向けのセミナーも実施し、官庁、大手からネットベンチャーまで290社以上を担当。人事担当者をはじめ、現場マネジャーから社長までの企業面接官3500人以上を指導している。
https://www.facebook.com/tomohikohosoi

〈著書〉
『転職面接必勝法』、『転職面接必勝法 実践編』(講談社)、『「使える人材」を見抜く 採用面接』『10万人が受講した究極メソッド 転職面接突破法』(高橋書店)ほか多数

【著者エージェント】
アップルシード・エージェンシー　　https://www.appleseed.co.jp

編集協力　アート・サプライ(財津勝幸、溝口玲以子)
執筆協力　杉本 隆
本文フォーマット デザイン　スタイルワークス
本文・図版/デザイン・DTP　スタイルワークス、アート・サプライ(小林嘉彦)

カリスマエージェント直伝!
履歴書・職務経歴書の書き方

著　者　細井智彦
発行者　清水美成
発行所　株式会社 高橋書店
　　　　〒170-6014　東京都豊島区東池袋3-1-1 サンシャイン60 14階
　　　　電話　03-5957-7103

ISBN978-4-471-21264-3　　ⒸHOSOI Tomohiko　Printed in Japan

定価はカバーに表示してあります。
本書および本書の付属物の内容を許可なく転載することを禁じます。また、本書および付属物の無断複写(コピー、スキャン、デジタル化等)、複製物の譲渡および配信は著作権法上での例外を除き禁止されています。

　本書の内容についてのご質問は「書名、質問事項(ページ、内容)、お客様のご連絡先」を明記のうえ、郵送、FAX、ホームページお問い合わせフォームから小社へお送りください。
　回答にはお時間をいただく場合がございます。また、電話によるお問い合わせ、本書の内容を超えたご質問にはお答えできませんので、ご了承ください。本書に関する正誤等の情報は、小社ホームページもご参照ください。

【内容についてのお問い合わせ先】
　書　面　〒170-6014　東京都豊島区東池袋3-1-1 サンシャイン60 14階　高橋書店編集部
　ＦＡＸ　03-5957-7079
　メール　小社ホームページお問い合わせフォームから　(https://www.takahashishoten.co.jp/)

【不良品についてのお問い合わせ先】
　ページの順序間違い・抜けなど物理的欠陥がございましたら、電話03-5957-7076へお問い合わせください。
　ただし、古書店等で購入・入手された商品の交換には一切応じられません。